Dirk Schlechter

Digitale Unterrichtsvorbereitung

Mikrofortbildung für Sie, Ihr Kollegium, Ihre Schule

Auer

Wir haben uns für die Schreibweise mit dem Sternchen entschieden, damit sich Frauen, Männer und alle Menschen, die sich anders bezeichnen, gleichermaßen angesprochen fühlen. Aus Gründen der besseren Lesbarkeit für die Schüler*innen verwenden wir in den Kopiervorlagen das generische Maskulinum. Bitte beachten Sie jedoch, dass wir in Fremdtexten anderer Rechtegeber*innen die Schreibweise der Originaltexte belassen mussten.

1. Auflage 2023

Autor*innen: Dirk Schlechter
Covergestaltung: Kirstin Lenhart München
Umschlagfoto: iStock by Getty Images: Wavebreakmedia
Satz: Satzpunkt Ursula Ewert GmbH, Bayreuth
Druck und Bindung: Korrekt Nyomdaipari Kft.
ISBN 978-3-403-**08637**-6

www.auer-verlag.de

Inhaltsverzeichnis

Die Benutzerhinweise zum Download des Zusatzmaterials und den entsprechenden Zusatzcode finden Sie am Ende des Buches.

Einführung in die Mikrofortbildung

1 Vorwort

Verschiedene Formen des digitalen Unterrichts haben sich im Zuge der Corona-Pandemie plötzlich weiterentwickelt und sind an den meisten Schulen in Deutschland zur gängigen Praxis geworden. Dies war allerdings der Tatsache geschuldet, dass es kaum Alternativen zur digitalen Fortentwicklung deutscher Schulen gab, denn sonst hätte in den letzten Jahren gar kein oder zumindest noch eingeschränkterer Unterricht stattgefunden.

Auch für manche Lehrer*innen war digitaler Unterricht keine ernstzunehmende Option. Es fehlte an technischer Ausstattung bei Schüler*innen und Lehrer*innen sowie in einigen Fällen zudem an der Kompetenz, diese zum Einsatz zu bringen. Auch muss man sagen, dass digitaler Unterricht nicht für alle Kinder und Jugendlichen eine wirklich hilfreiche Alternative darstellte: Zur Beschulung von Inklusionsschüler*innen eignete er sich leider kaum, dagegen profitierten technisch gut ausgerüstete Schüler*innen bislang deutlich mehr vom digitalen Unterricht, während wieder andere neben sozialer Benachteiligung auch digital abgeschlagen waren. Das familiäre Umfeld und die Wohnsituation spielten beim Gelingen des digitalen Unterrichts ebenfalls eine entscheidende Rolle; wer zu Hause über eine gute Betreuung verfügte und bei wem der sonstige Medienkonsum durch Erziehungsberechtigte reguliert wurde, der konnte viel effektiver und deutlich mehr lernen. Auch Rückzugsmöglichkeiten zum Lernen waren während der Lockdown-Phasen für die Teilnahme am digitalen Unterricht äußerst wichtig – nur wer Ruhe und Raum zum Lernen sowie gute Bedingungen in einer konfliktarmen Umgebung vorfand, konnte vom digitalen Unterricht profitieren. Unter anderem durch die Anwesenheit jüngerer Geschwister, die aufgrund der fehlenden Betreuungsmöglichkeiten in Kindertagesstätten ebenfalls in der gleichen Wohnung oder im gleichen Haus waren, sind viele Schüler*innen in ihrer Konzentrationsfähigkeit und in ihrer Aufmerksamkeitsleistung deutlich eingeschränkt worden, sodass auch der digitale Unterricht nicht produktiv war. Manche hingegen haben sogar vom Distanzlernen profitiert, denn wer in der Schule ohnehin leicht vom Lernen abgelenkt wird oder in einer großen Gruppe Konzentrationsprobleme hat, der hat natürlich Vorteile beim Homeschooling. Letzteres gilt jedoch nur unter der Voraussetzung, dass zu Hause für den digitalen Unterricht auch eine entsprechende Ausstattung und eine gute Internetverbindung zur Verfügung stehen. Einige wenige Schüler*innen nutzten im vergangenen Schuljahr die Möglichkeit zum Lernen in der Schule, weil ihnen wegen fehlender eigener Endgeräte das Lernen mit der dort zur Verfügung stehenden digitalen Ausstattung erlaubt wurde.
Gänzlich abgeschlagen und weder durch die Schule noch durch das Elternhaus unterstützt waren vielfach Schüler*innen mit sozialer Benachteiligung oder mit Migrationshintergrund. Diese Schüler*innen gehörten auch vor der Pandemie bereits oft zu denen, die Nachteile beim Lernen für die Schule in Kauf nehmen mussten.

Dieser Band soll dabei helfen, die Voraussetzungen für die Vorbereitung erfolgreichen digitalen Unterrichts in den Blick zu nehmen. Zudem sollen die benötigte Technik und darüber hinaus die rechtlichen Rahmenbedingungen sowie der korrekte Umgang mit Daten angesprochen werden.

Was benötigen Sie nun also zur Vorbereitung des digitalen Unterrichts?

2 Voraussetzungen für die Vorbereitung des digitalen Unterrichts

Digitaler Unterricht braucht Rahmenbedingungen; neben klaren Spielregeln und der Verbindlichkeit der Teilnahme sind auch andere Gegebenheiten bedeutsam. Im Folgenden sollen technische Voraussetzungen in der Schule, bei Lehrer*innen und bei den Schüler*innen thematisiert werden.

Technische Voraussetzungen der Schule

Was sind die notwendigen technischen Voraussetzungen an einer Schule, um gelungenen digitalen Unterricht zu ermöglichen? Viele Lehrkräfte haben unter pandemischen Bedingungen feststellen müssen, dass diese Form des Unterrichts nur eingeschränkt oder kaum möglich war, weil ihre Schulen nicht entsprechend ausgestattet waren.

WLAN-Verfügbarkeit im Schulgebäude

Innerhalb des Schulgebäudes ist eine gute WLAN-Abdeckung wichtig. Diese sollte unbedingt sichergestellt werden. Soll eine Nutzung des WLANs auch in benachbarten Gebäuden (z. B. der Sporthalle, dem Schulgarten mit Atrium bzw. grünem Klassenzimmer oder der Aula) möglich sein, muss auch daran gedacht werden. So können dann bei guter WLAN-Verfügbarkeit „Bring-your-own-Device"-Konzepte (heißt: „Bring-dein-eigenes-Gerät-mit-in-die-Schule"-Konzepte) optimal umgesetzt werden. Auch können digitale Tafeln (Smartboards) flexibel im Gebäude verwendet werden, wenn sie über das schuleigene WLAN eingebunden werden können. In allen Teilen des Gebäudes kann eine Schul-Cloud über das WLAN einerseits die Bedarfe einer pädagogischen Cloud (Nutzung für Unterrichts- und Lernmaterialien/pädagogische Organisation des Unterrichtsbetriebes) und andererseits die Bedarfe einer Verwaltungs-Cloud (Ablage von personenbezogenen Daten/Daten zur Verwaltung von Schüler*innen) decken. Beide Netzwerke müssen und sollen physikalisch voneinander getrennt bleiben. Nicht zuletzt deshalb entscheiden sich viele Schulen dafür, das Verwaltungsnetzwerk über LAN-Verkabelung zu realisieren, und vermeiden den schnurlosen Zugriff (WLAN), um den Datenschutz optimal gewährleisten zu können. Ein Verwaltungsnetzwerk kann aber flexibler genutzt werden, wenn der sogenannte REMOTE-Zugriff für berechtigte Personen ermöglicht wird. Dann kann z. B. ein Zeugnisteam auch von zu Hause aus Zugriff erhalten oder Kolleg*innen können an Prüfungsvorschlägen oder Berichtszeugnissen bzw. Gutachten auch aus dem Homeoffice heraus gemeinsam arbeiten.

„Blended Learning" (Hybrider Unterricht)

Findet der digitale Unterricht im synchronen Format einerseits für Schüler*innen zu Hause und andererseits gleichzeitig für Schüler*innen im Klassenraum statt bzw. nutzt dieser eine gemischte Organisationsform, so spricht man vom Hybridunterricht oder vom „Blended Learning".

Info

Hybrider Unterricht bezeichnet das sogenannte „Blended Learning". „Vermischtes" Lernen steht für den Ansatz von Präsenzunterricht und gleichzeitigem Onlineunterricht. Dabei wird der Unterricht über das Internet, Videokonferenzsysteme oder Lernplattformen einer Schule organisiert.

Im Falle einer pandemiebedingten Quarantäne oder im Falle krankheitsbedingter Abwesenheit können Schüler*innen von der Online-Teilnahme am Unterricht profitieren, wenn Schulen über eine gute Internetanbindung verfügen. Dafür eignet sich vor allem eine Glasfaserleitung, die eine stabile und vor allem zügige Datenübertragung gewährleistet. Besonders für Videokonferenzen, die zeitgleich in mehreren Klassenräumen stattfinden sollen, ist eine ausreichende Datenübertragungsrate unabdingbare Voraussetzung.

Geräteausstattung in der Schule

Viele Schulen stellen sich aktuell die Frage, welche Geräte für den Unterrichtsbetrieb angeschafft werden sollten. Die technische Entwicklung und die finanziellen Möglichkeiten sind dabei wichtige Orientierungspunkte. Medienkonzepte und Medienausstattungskonzeptionen haben leider nur eine zeitlich begrenzte Aktualität. Bereits innerhalb weniger Jahre kann eine heute noch völlig ausreichende Ausstattung als stark veraltet gelten. Dies sollte man bei der Planung von schulischen IT-Konzepten immer bedenken.

Die an Schulen übliche technische Ausstattung befindet sich in einem permanenten Wandel, die Auswahl an Möglichkeiten hat sich in den letzten Jahren vervielfacht. In den kommenden Jahren könnte aber auch die Verfügbarkeit von Rohstoffressourcen und Komponenten, die für die Herstellung von Geräten unbedingt benötigt werden, die IT-Entwicklung an Schulen deutlich zurückwerfen. Daher ist es bereits heute wichtig, nachhaltige Anschaffungskonzepte zu entwickeln. Diese Konzepte sollten gemeinsam mit den Schulträgern erarbeitet werden und Wartungsverträge einschließen, die die Nutzungsfähigkeit und Lauffähigkeit der in der Schule eingesetzten Komponenten berücksichtigen und eine Tragfähigkeit für viele Jahre sicherstellen. Auch sollten Ersatzbeschaffungen oder Austauschbeschaffungen (Modernisierung) für in Schulen eingesetzte Geräte flexibel möglich sein. Ggf. muss daher der Bestand von Anfang an Ersatzgeräte bei der Beschaffung mitberücksichtigen. Wird beispielsweise eine Schule neu mit Geräten ausgestattet, sollte man evtl. mit der folgenden Checkliste überprüfen, ob die ausgewählte Hardware geeignet ist:

Mini-IT-Checkliste für Schulen bei Anschaffungen von Dienstgeräten	
❒	Nachhaltige Anschaffungen tätigen (Geräte sind langlebig, der Hersteller ist solvent und zuverlässig, Ersatzteile und Komponenten sind leicht zu beschaffen). Bauteile sollten robust und stoßunempfindlich sein.
❒	Der Bestand an Geräten kann skaliert werden (Anschaffung/Bereitstellung weiterer nötiger Geräte, z. B. wenn zusätzliches Personal/weitere Schüler*innen ein Gerät nutzen wollen).
❒	Für die Geräte werden Wartungsverträge (optimal: Fernwartung ist möglich) abgeschlossen.
❒	Die eingesetzten Geräte verfügen über hinreichende Speicherkapazität, eine CPU mit sehr guter oder guter Geschwindigkeit, ein stabiles Betriebssystem, gängige Anschlüsse und die notwendige Ausstattung mit der benötigten Software.
❒	Auf verwendeten Displays sollte eine gute Leserlichkeit und Displayhelligkeit gegeben sein, damit die Geräte auch in lichtdurchfluteten Bereichen eingesetzt werden können.
❒	Möglichkeiten für den Diebstahlschutz bzw. eine sichere Aufbewahrung sollten für die Geräte zur Verfügung stehen.
❒	Das Kollegium sollte bei der Auswahl von Dienstgeräten und Durchführung von Testdurchläufen mit Leih-/Präsentationsgeräten einbezogen werden.
❒	Updates und Aktualisierungen der Geräte sollten für eine möglichst lange Lebensdauer der Geräte sorgen.
❒	Virenschutz und Co. sollten auf den Geräten dauerhaft gewährleistet sein.
❒	Das Gewicht und die Größe der Geräte sollten so gewählt werden, dass ein Kompromiss zwischen Arbeitskomfort/Ausstattung und Mobilität der Geräte erreicht werden kann.
❒	Für Sonderanwendungsfälle sollten Dienstgeräte über einen besseren Arbeitskomfort und eine bessere Ausstattung verfügen (z. B. für Videobearbeitung o. Ä.).

Einarbeitung des Kollegiums in die Nutzung der technischen Ausstattung

Damit zur Verfügung gestellte Geräte auch sinnvoll genutzt werden können, sollte die Schule eine Einarbeitungsphase für die IT-Ausstattung vorsehen. Eine einmalige Einarbeitung ist dabei sicherlich der erste Gedanke, der vielen Schulleitungen in den Sinn kommt. Tatsächlich gestaltet sich die technische Einarbeitung an Schulen aber deutlich schwieriger, denn Digitalkompetenzen bedürfen immer wieder einer gewissen „Auffrischung“ und „Festigung“. Das Personal wechselt an vielen Schulen häufig. Es gibt etwa Lehrkräfte, die aufgrund einer Abordnung einer Schule neu zugeordnet werden. Auch kommen ggf. jedes Jahr Referendar*innen neu hinzu und müssen mit der technischen Ausstattung vertraut gemacht werden. Langfristig wird dies künftig sicherlich dazu führen, dass jeder Schulwechsel auch eine digitale Umstellung für Betroffene mit sich bringen wird.
Schulen befinden sich aktuell in unterschiedlichen Stadien der Digitalisierung, was selbst innerhalb einzelner Städte und Kommunen zu einer großen Diversität eingesetzter Geräte und Lernplattformen führen kann. Dies erfordert von Lehrer*innen eine hohe Anpassungsfähigkeit an die vorhandenen digitalen Ressourcen am eigenen schulischen Arbeitsplatz.

Der Betrieb technischer Ausstattung macht also Inhouse-Schulungen nötig, die an den Kenntnisstand des Kollegiums angepasst werden und die Kompetenzen der Lehrer*innen auf ein höheres Niveau anheben können. Außerdem ist die Etablierung eines Supports für Lehrkräfte sowie Schüler*innen wichtig. Darüber hinaus muss das Fortbildungskonzept der Schule im Hinblick auf die Digitalisierung angepasst und ausgebaut werden, denn im Alltag wird es immer wieder zu Fragen und Problemen mit der eingesetzten Technik kommen. Dafür müssen in Schulen Strukturen geschaffen werden, die diese Probleme auffangen. In modernen Unternehmensstrukturen gibt es Support (Unterstützung) auf verschiedenen Leveln (First-Level, Second-Level und Third-Level) für die IT-Probleme der Mitarbeiter*innen. Mitarbeitende mit eingeschränkten Zugangsrechten oder begrenzter Kompetenz können auf einem niedrigeren Level andere unterstützen; dies kann als sogenannter First-Level-Support vor allem bei häufig auftretenden und schon bekannten Problemen erfolgen. Diese Strukturen lassen sich mit geringem Aufwand auf Schulen übertragen. Es ist also nicht nur daran zu denken, Administrator*innen für Schulen einzustellen, sondern auch im Kollegium Support-Strukturen anzulegen. Dann kann der*die Administrator*in sich um Probleme kümmern, die eine hohe digitale Fachkompetenz erfordern.

Präsentationsmedien für den Unterricht anschaffen und einsetzen

Eine besonders wichtige Entscheidung ist zu treffen, wenn es um die Anschaffung von Präsentationsmedien geht. Viele Schulen entscheiden sich aktuell für digitale Tafeln, sogenannte Smartboards. Diese werden von verschiedenen Herstellern (z. B. Prowise, SMART Technologies, Promethean) angeboten.
In den letzten 15 Jahren wurden meist Beamer oder Activeboards mit Nahbereichsbeamern (Lösungen der 90er) gekauft. Mittlerweile erwägen viele aus finanziellen Gründen die Anschaffung von Flachbildschirmen (LED- oder Plasma-Technologie), die als Wandinstallation im Klassenraum angebracht werden. Nicht immer können Schulen bei der Wahl der Präsentationsmedien mitentscheiden und werden somit auch nicht immer tatsächlich einbezogen in den konkreten Entscheidungsprozess für ein bestimmtes System. Der Grund dafür liegt auf der Hand: Werden etwa für mehrere Schulen in einem Landkreis Geräte gekauft, so können günstigere Anschaffungspreise durch die Schulträger ausgehandelt werden. Auch kann die Wartung der Geräte zentral organisiert werden, was ebenfalls Vorteile bietet.

Digitale Tafeln sind deutlich teurer in der Anschaffung als Flachbildschirme. Als Präsentationsmedium unterscheiden sich beide Varianten kaum. Für Schulen mit geringem Budget sind Flachbildschirme oft das Mittel der Wahl, um tatsächlich alle Unterrichtsräume ausstatten zu können. Mit etwas Kreativität können Flachbildschirme sogar als digitale Tafeln genutzt werden, wenn z. B. mit einem entsprechenden Stift auf einem Tablet geschrieben und das dabei erstellte Bild gleichzeitig auf den Flachbildschirm projiziert wird.

Für den Hybridunterricht sind Flachbildschirme aber nur bedingt geeignet, während die Hersteller von Smartboards ihre Geräte auch für dieses Einsatzszenario entwickelt haben. Damit können Schüler*innen zugleich im Klassenraum und zu Hause unterrichtet werden. Die Smartboards verfügen über integrierte Raummikrofone und meistens auch über eine Webkamera (Webcam), mit der der gesamte Klassenraum visuell erfasst werden kann. Oft ist der*die Lehrer*in aber nicht zu sehen, da der Fokus der Webkamera häufig auf die Klassengemeinschaft gerichtet ist und nicht auf die vor der Tafel stehende Person.

Tipp: Auf automatische Boot-Funktion für Activeboards/Smartboards unbedingt achten
Digitale Tafeln sollten sich bereits vor dem Unterricht zu einer festgelegten Zeit automatisch starten, denn viele Tafeln sind nicht sofort einsatzfähig bzw. verfügen über integrierte PC-Module, die erst booten müssen. Dabei geht wertvolle Unterrichtszeit verloren, was unbedingt vermieden werden sollte. Fragen Sie vor der Anschaffung der Geräte nach, ob die Autoboot-Funktion der Geräte ein automatisches An- und Abschalten der Geräte zu bestimmten Uhrzeiten ermöglicht und ob diese auch von Laien (Lehrer*innen) flexibel verändert und modifiziert werden können.

Was Dienstgeräte anbelangt (z. B. Convertibles, Laptops oder Tablets), kann eine Anschaffung solcher Geräte für ein Gesamtkollegium eine Vereinheitlichung der technischen Anforderungen für die Unterrichtspraxis ermöglichen. Die Geräte können auf einem einheitlichen Standard gehalten werden (Datenschutz/Virenschutz etc.). Veralten Dienstgeräte jedoch, so muss auch in den Folgejahren nach der Anschaffung Kontinuität sichergestellt werden. Sonst können dienstliche Tätigkeiten und ihre konsequente Umsetzung nicht mehr garantiert werden. Vor allem, wenn die gesamte Verwaltung einer Schule digitalisiert wurde, sind funktionierende Dienstgeräte zwingend erforderlich. Funktionieren diese nicht mehr, dann kann z. B. das digitale Klassenbuch nicht geführt werden, die Noten können nicht eingetragen werden oder wichtige dienstliche Aufträge (etwa das Verfassen neuer Arbeitspläne/Curricula für den schulinternen Gebrauch) können nicht mehr erledigt werden. Natürlich wäre auch der eigene Unterricht von einem Ausfall des Dienstgerätes betroffen (Präsentationen können nicht mehr gezeigt werden, digitale Arbeitsblätter können nicht mehr erstellt oder über die Lernplattform verteilt werden usw.). Je stärker die schulische Digitalisierung vorangeschritten ist, umso größer wird die Abhängigkeit von funktionierender Technik in der Praxis sein. Aus diesem Grund sollten Schulen prüfen, ob ersatzweise neben dem Einsatz von Dienstgeräten auch weiterhin die Verwendung privater Endgeräte erlaubt bleibt bzw. genehmigt werden kann. Dies hat für eine angestrebte „perfekte“ Umsetzung von Datenschutz und Datensicherheit sicherlich eher Nachteile, stellt aber interne Abläufe des Schulbetriebs bei technischen Störungen sicher. Auf derartige „Notlösungen“ kann verzichtet werden, wenn ein gutes Management Ersatzgeräte, Back-ups und Austauschgeräte niederschwellig zur Verfügung stellen kann.

Tipp: Updates, Fernwartung, Aktualisierungen

Wichtig für die Fernwartung der Geräte ist ein gutes Zeitmanagement für das Ansetzen von Aktualisierungen der Software und weiteren Updates auf Dienstgeräten allgemein. Diese sollten unbedingt planbar und steuerbar sein. Laufen Updates und Aktualisierungen während der Unterrichtszeit, so behindert dies die Unterrichtsabläufe erheblich.

Automatische Wartungsprozesse wie die Aktualisierung von Firmware oder das Laden und Installieren von Updates sollten außerhalb von Kernzeiten bzw. am besten in der Nacht automatisch erfolgen. Dies gilt sowohl für Dienstgeräte wie Tablets, Laptops und Convertibles, als auch für digitale Tafeln. Läuft mitten im Unterricht ein Update auf der digitalen Tafel, so ist das vollkommen inakzeptabel und behindert die Arbeit der Lehrkräfte erheblich, weil die Tafel nicht verlässlich eingesetzt werden kann. Ist die Durchführung von Updates in der Kernzeit nicht zu verhindern, sollten Updates zumindest von den Lehrkräften abgebrochen werden können, damit der Betrieb der Geräte jederzeit gewährleistet ist.

Technische Voraussetzungen der Schüler*innen

Analog zur Beschaffung von Dienstgeräten für Lehrer*innen sollten Geräte für Schüler*innen gekauft werden. Dabei können sich je nach Schüler*innenklientel unterschiedliche Konzepte bewähren.

Präsenzbestände für technische Ausstattung vor Ort

Es empfiehlt sich, für den Unterricht vor Ort, aber auch für den digitalen Unterricht, Präsenzgeräte bereitzuhalten. Diese Geräte verbleiben in der Schule und können im Unterricht flexibel eingesetzt werden. Der Gerätetyp ist hierbei nicht so entscheidend, jedoch sollte bei der Anschaffung immer bedacht werden, dass technische Ausstattungsbestandteile, die klein oder empfindlich sind, schnell verlorengehen können. Beispielsweise können iPads von Apple mit einem Apple-Pencil bedient werden. Die Verschlusskappen für den sog. Lightning-Anschluss können Schüler*innen v. a. einer Grundschule z. B. sehr schnell verlieren. Auch können solche kleinen Teile u. U. verschluckt oder leicht entwendet werden. Aus diesem Grund muss im Unterricht eingesetztes Material entweder sehr sorgsam nach jeder Verwendung auf Vollständigkeit überprüft werden, oder es muss von Anfang an auf robuste oder kostengünstige Alternativen (z. B. günstigere Stifte für das Tablet) zurückgegriffen werden. Hierbei können bei der Anwendung jedoch Kompatibilitätsprobleme auftreten oder die volle Leistung der Geräte kann ggf. nicht abgerufen werden (z. B. lassen sich Plagiate des Apple-Pencils nicht immer am Gerät aufladen).

Geräte in Präsenzbeständen müssen in der Schule sicher aufbewahrt werden, sie dürfen nur für Befugte zugänglich sein und sollten außerhalb der Unterrichtszeit aufgeladen werden, damit sie im Unterricht sofort eingesetzt werden können. Einige Hersteller bieten hier Komplettlösungen (z. B. einen Tablet- oder Notebook-Wagen) an, die abschließbar sind und an das Stromnetz angeschlossen werden können. Die Systeme sollten per Fernwartung aktualisiert werden können, damit eine händische Wartung nicht erforderlich ist. Updates sollten nur nachts auf den Geräten laufen, wenn die Geräte nicht im Einsatz sind und das Update den Unterrichtsbetrieb nicht stört.

Ältere Schüler*innen können ggf. verantwortungsvoller mit Präsenzbeständen umgehen. Aber auch hierbei sollten die nötigen Voraussetzungen vorher überprüft werden.

Leihgeräte und eigene Geräte für Schüler*innen

Die Schule kann auf einen Bestand von Leihgeräten zurückgreifen, der an Schüler*innen ausgegeben wird. Leihgeräte können durch die Nutzung leiden und auch Schaden nehmen. Daher empfiehlt sich die Ausgabe von möglichst robusten Geräten nur nach Unterzeichnung eines Leihgerätevertrages, der alle Eventualitäten von der Beschädigung bis zum Verlust des Gerätes regelt. Mit den Geräten sollte also ein verantwortungsvoller Umgang angestrebt werden. Dies kann nur auf der Basis einer Einweisung in die Nutzung gewährleistet werden.

Vor allem für sozial benachteiligte Schüler*innen sollte die Nutzung von Leihgeräten für den digitalen Unterricht in Erwägung gezogen werden. An Brennpunktstandorten kann diese Strategie aber auch kontraproduktiv sein, wenn die Geräte trotz intensiver Bemühungen nicht im Besitz der Schüler*innen verleiben und ggf. von Dritten veräußert werden, um damit z. B. Gewinne zu erzielen. In so einem Fall haben sowohl die Schüler*innen als auch die Schule nichts davon, Leihgeräte auszugeben. Erfahrungswerte aus anderen Zusammenhängen können helfen, um für eine Schule zu beurteilen, ob die Ausgabe von Leihgeräten eine gute Idee wäre, denn digitaler Unterricht ist nur mit funktionierenden und noch vorhandenen Geräten sinnvoll organisierbar. Sollten Schüler*innen aber keinen Zugang zum Internet haben, hilft auch ein Leihgerät kaum weiter.
Eine weitere Option neben der Ausleihe von Geräten stellt die Nutzung von Geräten dar, die für sozial benachteiligte Kinder und Jugendliche in der Schule bereitgehalten werden und nur dort genutzt werden sollen. Der Einsatz im digitalen Unterricht kann dann zu festgelegten Zeiten unter der Aufsicht des Personals der Schule erfolgen; so kann einer Zweckentfremdung bzw. einem Abhandenkommen der Geräte vorgebeugt werden.

Digitale Unterrichtsvorbereitung

3 Rechtliches, Datenschutz & Co.

Ist der Einsatz von Tablets, Convertibles oder Smartphones im Unterricht an Ihrer Schule vorgesehen, so gilt es natürlich auch in rechtlicher Hinsicht einiges zu beachten, denn mit dem Zugang zum Internet gibt es auch die Möglichkeit für Hackerangriffe und Datendiebstahl (z. B. über Einschleusung eines Trojaners). Der folgende Abschnitt darf nicht als rechtliche Beratung verstanden werden, diese kann ich als Nichtjurist nicht leisten. Ich möchte hier aber dennoch sensibilisierend auf die beiden Aspekte Datenschutz und Datensicherheit hinweisen, da sie eine wichtige Rolle spielen.

Die meisten Schulen entscheiden sich für die Verwendung von zwei getrennten Netzwerken – sie etablieren ein pädagogisches Netzwerk und ein Verwaltungsnetzwerk. Es gibt dann auch mindestens zwei verschiedene WLAN-Zugänge in der Schule oder nur ein pädagogisches WLAN und ein Verwaltungs-LAN. Das hat den Grund, dass der Schutz personenbezogener Daten nicht gewährleistet werden kann, wenn über dasselbe Netzwerk Zugriff auf alle Daten, also etwa Verwaltungsdaten (z. B. Leistungsdaten von Schüler*innen wie Zeugnisnoten, Fehlzeiten, Klassenbucheinträge im digitalen Klassenbuch, Adressdaten von allen am Schulleben Beteiligten etc.) und pädagogische Daten (z. B. digitale Arbeitsblätter, E-Mail-Accounts der Schüler*innenschaft oder die Schul-Cloud) erfolgen kann. Die Verbindung zum Internet und damit auch die Verbindung zur Lernplattform (z. B. IServ, SchoolFox oder Logineo) sollte immer über das pädagogische Netzwerk, getrennt vom Verwaltungsnetzwerk, erfolgen können. Im digitalen Unterricht können die Schüler*innen ohnehin nur auf das pädagogische Netzwerk zurückgreifen.

Was muss im Hinblick auf den Datenschutz beachtet werden?

Es existieren Regelungen im Bundesdatenschutzgesetz und in den Landesdatenschutzgesetzen, die für öffentliche Schulen von Bedeutung sind. Diese sollen verhindern, dass sogenannte personenbezogene Daten ohne Erlaubnis oder Kenntnis von Schüler*innen und deren Eltern oder aller anderen am Schulleben Beteiligten (auch Lehrer*innen) erhoben, gespeichert, genutzt oder weitergegeben werden – Letzteres gilt also auch für die Daten auf Tablets. Dies alles dient dem Recht auf informationelle Selbstbestimmung, welches als schützenswert einzustufen ist. Verhindert werden soll eine Ausspähung von Daten z. B. durch Unternehmen, die diese Daten für ihr Geschäftsmodell nutzen wollen (z. B. Schaltung personalisierter Werbung oder Veräußerung von Daten an andere).

Was muss bei der Datensicherheit berücksichtigt werden?

Personenbezogene und darüber hinausgehende andere Daten, mit denen Schüler*innen arbeiten, sollten an Ihrer Schule sicher sein. Datensicherheit wird erreicht, indem die Daten aller am Schulleben Beteiligten geschützt werden und nicht an Dritte nach außen gelangen, verlorengehen oder ohne Zutun der Betroffenen verändert werden können. Damit dies alles nicht geschehen kann, müssen Datenschutz und Datensicherheit ineinandergreifen. Eine wichtige Maßnahme ist aus technischer und organisatorischer Sicht die Sicherung aller Daten. Sie kann erfolgen, indem z. B. regelmäßig Sicherungskopien in Form von Back-ups des Schulservers gemacht werden. Auch sollten Anti-Viren-Programme und Kinderfilter im Netzwerk eingesetzt werden. Eine Firewall kann vor Hackerangriffen schützen und das regelmäßige Löschen des Browserverlaufs durch das Entleeren des Browser-Cache-Speichers trägt dazu bei, dass Schüler*innen nicht ausgespäht werden können. Zugänge zu den E-Mail-Accounts sollten standardmäßig mit einem individuell vergebenen Passwort geschützt sein und die Schüler*innen sollten, wenn sie mit ihren Tablets im Internet surfen, immer im LAN- oder WLAN-Netzwerk ihrer Schule bleiben.
Zudem empfiehlt sich die Ernennung eines*einer Beauftragten für Datenschutz und Datensicherheit, der*die für beide Aspekte Verantwortung übernimmt und die Schulleitung auf diesen Gebieten unterstützt.

Werden Tablets in der Schule verwendet, so sollte der Umgang mit der Kamera-Funktion im Rahmen des digitalen Unterrichts thematisiert werden. Schüler*innen müssen erst erlernen, dass sie ohne Erlaubnis andere Menschen nicht filmen oder fotografieren dürfen. Auch sollen Aufnahmen mit den Tablets nur in unterrichtlichen Zusammenhängen gemacht werden und die Persönlichkeitsrechte anderer dürfen nicht verletzt werden, z. B. durch das heimliche Aufzeichnen von Sprachmemos. Spätestens am Ende eines Schuljahres sollten Filme und Fotos auf den Geräten wieder gelöscht werden. Private E-Mail-Accounts oder Accounts, die den Zugang zu anderen privaten Apps ermöglichen, sollten auf Schulgeräten nicht genutzt werden, da hier ebenfalls ein Missbrauch personenbezogener Daten erfolgen könnte, wenn Dritte an die Zugangsdaten gelangen.
In Klassenräumen oder Fachräumen sollten bei regelmäßiger Nutzung der Tablets einfache Nutzungsregeln gut sichtbar ausgehängt und mit anschaulichen Piktogrammen versehen werden, damit sie auch von jüngeren Kindern, z. B. in der Grundschule, gut verstanden werden können. Hier kann auch anschaulich visualisiert werden, welche Apps verwendet werden dürfen und was generell im Unterricht unerwünscht ist.

Jede Schule sollte eine Einverständniserklärung zum Datenschutz, zur Datensicherheit und zum Umgang mit Film- und Fotoaufnahmen im Schulleben erarbeiten und diese von den Schüler*innen bzw. den Erziehungsberechtigten nach der Einschulung unterschreiben lassen. Auch sollte in diesem Zusammenhang den Schüler*innen bzw. den Erziehungsberechtigten eine Nutzungsordnung zur Unterschrift vorgelegt werden, damit auch Haftungsfragen und -folgen im Falle von entstehenden Schäden an der Ausstattung oder beim Missbrauch von Daten im Vorfeld geklärt sind. Auch die schulinterne Nutzung von mit Tablets, Smartphones o. Ä. angefertigten Fotos und Filmaufnahmen, etwa auf der schuleigenen Homepage, der Facebook-Seite oder in anderen sozialen Medien, bedarf der Einwilligung der Schüler*innen oder Erziehungsberechtigten.

Weitere Informationen zu diesem Thema finden Sie auch im Mikrofortbildungs-Band „Datenschutz und IT-Sicherheit in der Schule" des Auer Verlags (Bestellnummer 08631).

4 Unterrichten mit Lernplattformen

IServ

Eine besonders vielseitige und interessante Lernplattform ist IServ. IServ ist in einer kostenfreien Testversion erhältlich, allerdings ist für Schulen und Bildungseinrichtungen die kostenpflichtige Version sinnvoll, weil es eine Fülle von Modul-Optionen gibt, die gebucht werden können.
Nachfolgend können nicht alle Funktionen der Lernplattform vorgestellt werden, sie sind aber im Netz im Online-Handbuch aufgeführt und als Online-Schulung abrufbar unter https://www.iserv-akademie.de (zuletzt geprüft am 10.10.2022).

IServ kann im Web-Browser oder als App geöffnet werden. Damit ist die Lernplattform unabhängig vom verwendeten Endgerät, denn IServ kann vom Smartphone, vom Laptop, vom PC oder vom Tablet aus genutzt werden. Am linken Bildschirmrand kann man in einer Leiste namens „Schnellzugriff" die Module anzeigen lassen, die man am häufigsten benötigt.

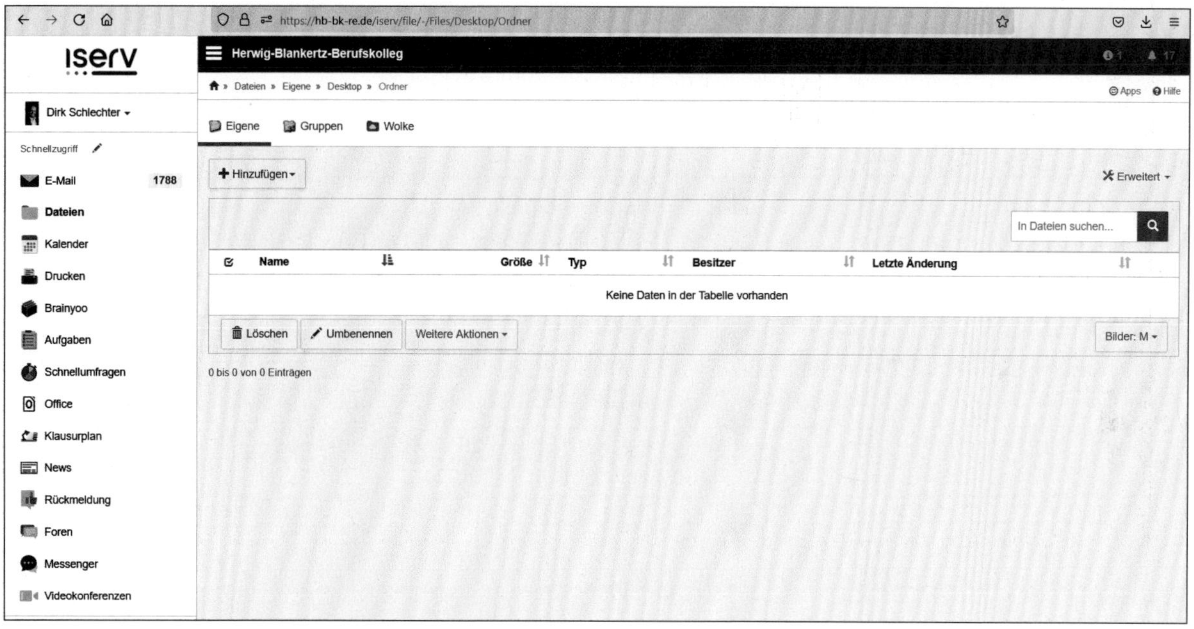

Screenshot der IServ-App (eingesehen am 04.08.2022) auf dem Tablet

Mit IServ erhält jede*r Lehrer*in und jede*r Schüler*in eine E-Mail-Adresse, wenn die Plattform auf dem Schulserver eingerichtet wird.
Die Namen bereits im System angelegter Benutzer*innen (Lehrer*innen und Schüler*innen) werden bei Eingabe im Adressfeld einer E-Mail automatisch vervollständigt bzw. es wird eine Auswahl von Namen vorgeschlagen, deren erste Buchstaben des Vor- oder Nachnamens mit den eingegebenen Buchstaben in Übereinstimmung stehen. Diese Funktion ist sehr hilfreich, weil man ggf. als Lehrer*in oder Schüler*in nicht immer den kompletten Namen des*der Empfängers*Empfängerin einer E-Mail auswendig weiß und eine Klassenliste zur Hand hat, so aber dennoch zügig zum Ergebnis kommen kann. Im Sinne des Datenschutzes ist dies allerdings auch ein Nachteil, weil man bereits in Kenntnis des Vornamens oder des Nachnamens Personen an der Schule „anmailen" kann, wenn man einen Teil des Namens eingibt.

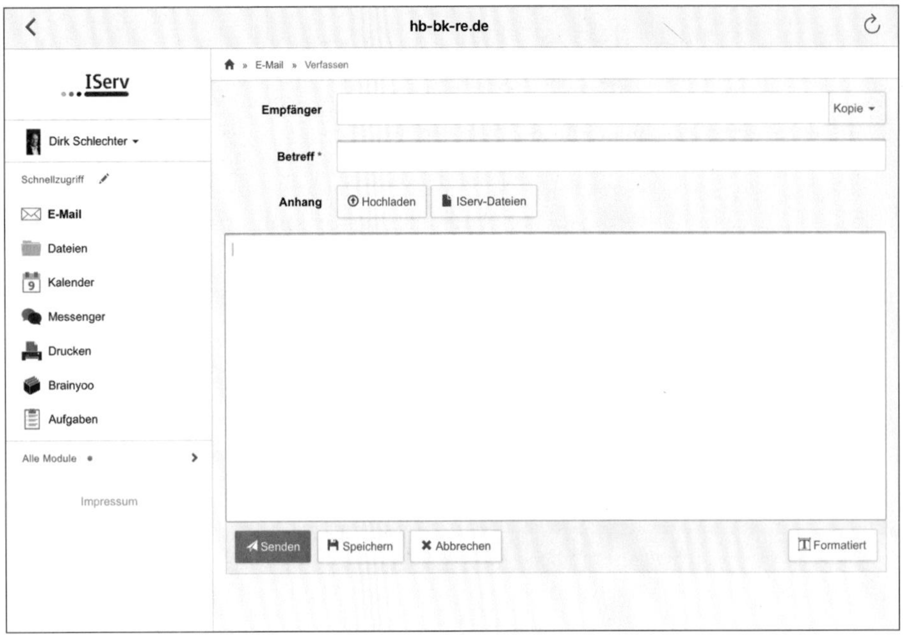

Screenshot der IServ-App – Modul „E-Mail" (eingesehen am 05.08.2021)

Das Mail-Modul von IServ ermöglicht die wichtigsten Funktionen einer E-Mail-Anwendung. Es lassen sich Empfänger*innen und Betreff eingeben, Dateien anhängen und verschicken. Die Mailfunktion funktioniert schulintern mit den Mailadressen der Lehrer*innen und Schüler*innen, genauso aber auch schulextern. Ebenso lassen sich ganze Klassen anmailen bzw. es können Verteilerlisten für eine ganze Klasse inklusive aller Kolleg*innen, die in der Klasse unterrichten, eingerichtet werden. Diese einmal eingerichteten Klassenverteiler lassen sich dann auch in der Messenger-Funktion von IServ verwenden, die ähnlich wie WhatsApp oder Threema funktioniert. Der Vorteil besteht darin, dass personenbezogene Daten nicht an Dritte, etwa Unternehmen wie Facebook oder WhatsApp als Facebook-Ableger, übermittelt werden, sondern dass im Sinne des Datenschutzes vorgegangen werden kann. Mit IServ sind auch Push-Benachrichtigungen möglich, sodass eine eingegangene Messenger-Nachricht oder E-Mail unmittelbar auf dem Smartphone angezeigt wird. Somit kann IServ eine Echtzeitkommunikation der Akteur*innen an der Schule ermöglichen.

Verteilerlisten in IServ anlegen, um Kolleg*innen nicht mit „Spam" zu überschütten

Besonders empfehlenswert ist es, beim Versenden von Mails an Schüler*innen einer Klasse die Lehrer*innen von den Empfänger*innen auszunehmen, da diese ansonsten jede E-Mail, die an die Schüler*innen einer gesamten Klasse geht, ebenfalls erhalten. Um dies einfach erreichen zu können, kann man eine Verteilerliste anlegen. Dazu klickt man unter der Leiste „Schnellzugriff" auf „Alle Module" und kann das Modul „Adressbuch" auswählen, welches jetzt angezeigt wird. Dort wiederum wählt man den Reiter „Verteilerlisten" aus.

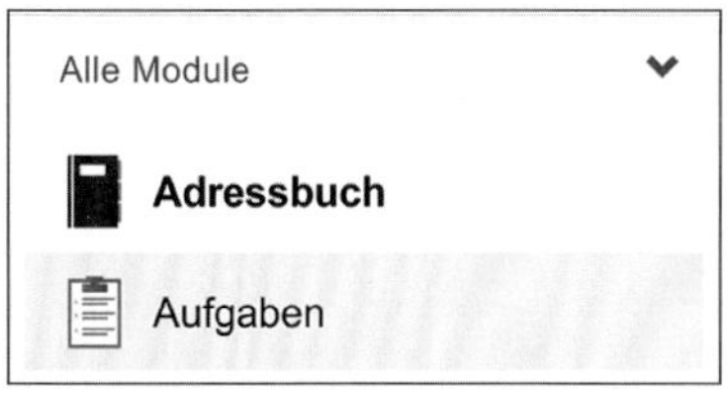

Screenshot der Leiste „Alle Module" in der IServ-App (erstellt am 06.08.2021)

Nun lassen sich sowohl ganze Gruppen als auch einzelne Personen aus der Klassengruppe, die aus allen Lehrkräften und allen Schüler*innen besteht, durch „Ausschließen" herauslösen.

Verteilerlisten sollte sich jede*r Lehrer*in selbst zu Beginn eines Schuljahres anlegen, dies kann dann geschehen, wenn alle Schüler*innen bereits als Datensatz in die Lernumgebung IServ eingepflegt wurden. Mit dieser Arbeit beginnen kann man durch einen Klick auf „Verteilerliste hinzufügen":

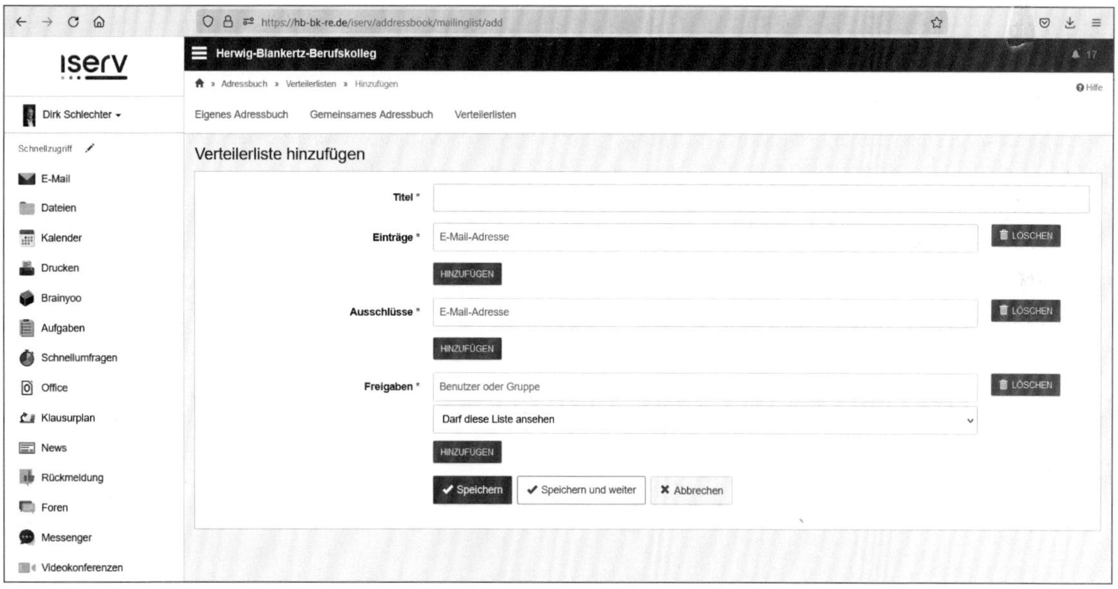

Screenshot von Adressbuch >> Verteilerlisten in der IServ-App (erstellt am 06.08.2021)

Wird der obenstehende Tipp nicht beachtet, erhalten alle Lehrer*innen einer Klasse alle E-Mails sämtlicher Kolleg*innen, die an die gesamte Klasse geschickt werden.

Neben der E-Mail-Funktion ist von diesem Umstand auch der Messenger betroffen, in dem man ebenfalls Klassenverteilerlisten, in denen Kolleg*innen ausgenommen wurden, verwenden sollte (siehe unten).

Screenshot (Ausschnitt) IServ-Messenger (erstellt am 05.08.2021)

Damit man im Messenger für andere gut zu finden ist, kann ein eigenes Profil mit Profilbild angelegt werden, das für alle an der Schule öffentlich sichtbar ist. Ein solches Foto kann unter Profil >> Einstellungen hinterlegt werden. Ich empfehle aber, die anderen Personalisierungsoptionen mit personenbezogenen Daten nicht auszufüllen, damit die missbräuchliche Nutzung durch Dritte ausgeschlossen ist.

IServ verfügt über eine integrierte Cloud, die es ermöglicht, digitalen Unterricht sowohl von der Schule als auch von zu Hause aus – oder eben von jedem anderen beliebigen Ort aus – durchzuführen. Damit ergeben sich viele großartige neue Möglichkeiten, Arbeitsmaterialien und Links für Schüler*innen bereitzustellen. Innerhalb des Moduls Dateien wird noch einmal unterschieden zwischen den Kategorien „Eigene“ und „Gruppen“. Während unter „Eigene“ Dateien gespeichert werden können, auf die nur der*die Lehrer*in, weiteres Personal (z. B. Schulsozialarbeiter*innen) oder der*die Schüler*in einen eigenen Zugriff haben, können unter „Gruppen“ z. B. Klassen-Ordner eingerichtet werden, auf die die jeweiligen Schüler*innen und Lehrer*innen einer Klasse zugreifen können. Zudem lassen sich Ordner für Arbeitsgruppen einrichten, auf die nur die Lehrkräfte oder weiteres an der Schule tätiges Personal zugreifen können. Damit steht dem Austausch von Dateien (digitale Versionen von Konzeptpapieren, Arbeitsmaterialien, Grafiken, Videos, Links etc.) zwischen allen am Schulleben Beteiligten nichts mehr im Wege.

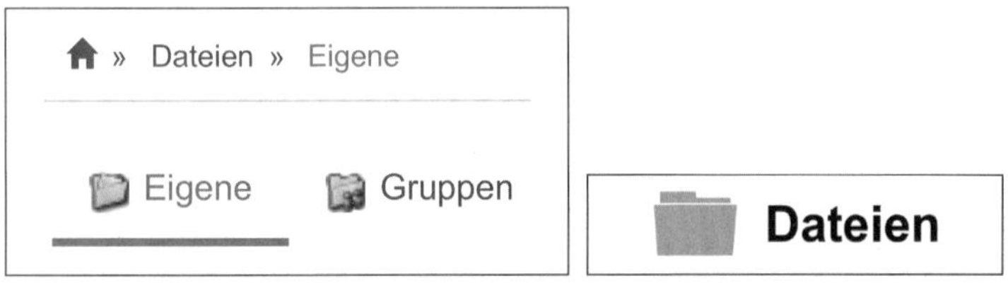

Screenshot des Moduls Dateien (erstellt am 05.08.2021)

Es kann voreingestellt werden, in welchem Umfang (Speicherkapazität) jede Person zur Ablage von Dateien berechtigt ist. Während unter dem Unterpunkt „Eigene“ nur die jeweilige Person eine Lese- und Schreibberechtigung hat, sind in Gruppenordnern alle Personen zum Lesen und Schreiben in den Dateiordnern berechtigt. Es ist aber grundsätzlich für den*die Administrator*in nachvollziehbar, wer z. B. Dateien eingestellt oder gelöscht hat, sodass auch die Datensicherheit gewährleistet ist.
In den jeweiligen Gruppenordnern für jede Klasse können leicht Unterordner für einzelne Fächer oder übergeordnete Projekte eingerichtet werden (z. B. Mathematik, Kunst, Deutsch, Musik, Englisch, Förder-AG etc.). Befindet man sich im Ordner „Eigene“ und wählt man unter „Gruppen“ eine Klasse sowie z. B. den Unterordner des Faches „Deutsch-Kommunikation“ aus, so lassen sich unterschiedliche Ordner und Dateien erstellen (Gruppenordner müssen zuvor allerdings vom*von der Administrator*in eingerichtet werden):

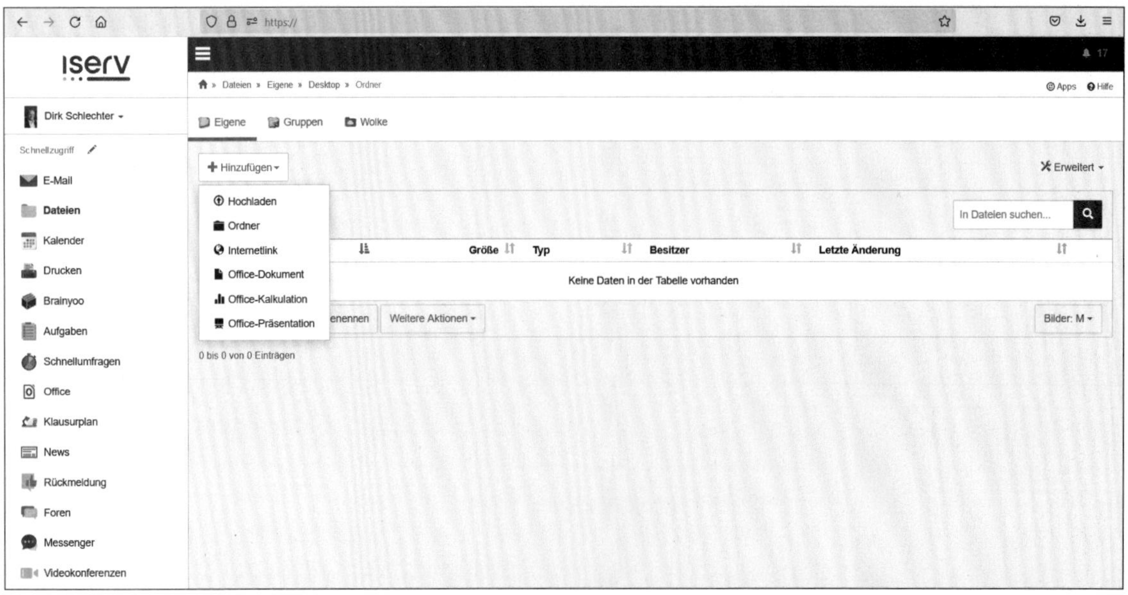

Screenshot des Moduls Dateien >> Gruppen >> Beispielklasse >> Deutsch-Kommunikation innerhalb der IServ-App (erstellt am 06.08.2021)

In den Klassenordner lassen sich Dateien direkt per Klick auf „Hinzufügen“ und dann auf „Hochladen“ z. B. vom eigenen PC oder Tablet/Smartphone in die Cloud laden, sodass alle Schüler*innen in einer Gruppe (Klasse) auf diese Datei Zugriff haben. Im Fachordner für das Fach „Deutsch-Kommunikation“, welcher oben beispielhaft gezeigt wird, lassen sich aber auch noch Unterordner erstellen, etwa ein Ordner namens „Rechtschreibübungen“. Dies kann mit einem Klick auf „Hinzufügen“ und „Ordner“ bewerkstelligt werden. In der Lernplattform IServ lassen sich zudem Hyperlinks zu Internetseiten für die Schüler*innen hinterlegen, die Lehrer*innen für ihren digitalen Unterricht nutzen wollen. Dazu klickt man auf „Hinzufügen“ und „Internetlink“ und gibt den Link und den Beschreibungstext, der für die Schüler*innen erscheinen soll, ein. Der Link wird dann allen Schüler*innen im Gruppenordner ihrer Klasse angezeigt.

IServ verfügt über ein integriertes Office-Modul, mit dem man eine integrierte Textverarbeitung, eine Präsentationssoftware und eine Tabellenkalkulation zur Verfügung hat. Auch ohne Installation einer Software können diese integrierten Apps in IServ von Schüler*innen oder Lehrer*innen und dem weiteren Personal an der Schule genutzt werden. Die Apps ähneln Microsoft Word, Microsoft Excel und Microsoft PowerPoint sehr.
Von diesen in IServ integrierten Apps profitieren vor allem Schüler*innen ohne Software auf dem eigenen Endgerät, da sie somit von zu Hause aus, ohne eine Software installieren oder kaufen zu müssen, eine Präsentationssoftware, eine Textverarbeitung und/oder eine Tabellenkalkulation nutzen können.

Das Modul Office findet man – sofern es freigeschaltet wurde – auch unter „Alle Module“. Damit erzeugte Dateien können als E-Mail-Anhang verschickt oder in der Schul-Cloud gespeichert werden. Dies kann im eigenen Bereich (Eigene) oder auch in einem Gruppenordner geschehen, sodass sich die Dateien später wieder unter Dateien auffinden und im Unterricht nutzen lassen. Über den Gruppen-Ordner (z. B. Ordner für eine bestimmte Klasse) können Schüler*innen z. B. auch gelungene von ihnen erstellte Präsentationen, Texte oder Tabellen austauschen und für die Klasse verfügbar machen. Ein zeitgleiches Arbeiten in einem Dokument ist möglich, wenn mehrere Kinder oder Jugendliche kollaborativ an einem Text arbeiten wollen.

Logineo

Die Plattform Logineo, die hier am Beispiel Logineo NRW vorgestellt werden soll, hatte in der Startphase leider größere Probleme. Aus diesem Grund ist das Interesse an der Plattform in vielen Schulen bis heute noch eher verhalten.
Es kam eingangs immer wieder zu Ausfällen der Mailfunktion, zudem stand Logineo auch zeitweise wegen Datenschutzproblemen in der Kritik. Mittlerweile entwickelt sich die Plattform aber zu einer guten und vor allem kostengünstigen Alternative für Schulen. In NRW ist ihre Nutzung für Schulen sogar kostenfrei. Anhand dieses Beispielbundeslandes soll die Plattform vorgestellt werden.

Anwendungsmöglichkeiten von Logineo NRW:

Logineo NRW gilt als sichere Schulplattform. Lehrkräfte können unterschiedliche Anwendungen nutzen, die dort gekoppelt sind:
- Rechtssichere dienstliche E-Mail-Adressen
- Kalenderfunktion
- Geschützte Cloud (für den Austausch von Materialien)

Eine Stärke der Plattform Logineo besteht darin, dass Schüler*innen interaktive Übungen zur Verfügung gestellt werden können. Zu den Arbeitsergebnissen können die Schüler*innen individuelle Rückmeldungen erhalten.
Vor allem das Logineo NRW LMS (Lernmanagementsystem) bietet eine Fülle von Anwendungsmöglichkeiten: Texte, Videos, interaktive Übungen (Moodle-Format) und Tonaufnahmen lassen sich in der Lernplattform zusammenführen.
Für den digitalen Unterricht wurde eine Möglichkeit geschaffen, um Videokonferenzen durchzuführen (Jitsi Meet wurde in das LMS integriert). Leider wird diese Funktion bisher jedoch kaum genutzt. Der Autor hat fest-

gestellt, dass viele Schulen hier mit der Handhabung keine guten Erfahrungen gemacht haben und daher auf andere Lösungen (z. B. Zoom, BigBlueButton) zurückgreifen, die zuverlässiger sind. Grundsätzlich ermöglicht die Videokonferenzoption in Logineo NRW aber die Teilnahme von Schüler*innen an Videokonferenzen. Dabei können auch der eigene Bildschirm mit Teilnehmenden geteilt und die integrierte Chatfunktion zur Kommunikation genutzt werden. Ein virtueller Warteraum verhindert die Teilnahme von unberechtigten Personen.

Ein Argument für die Nutzung von Logineo ist, dass sich Lernfortschritte von Schüler*innen mit dieser Lernplattform recht gut zurückverfolgen lassen.

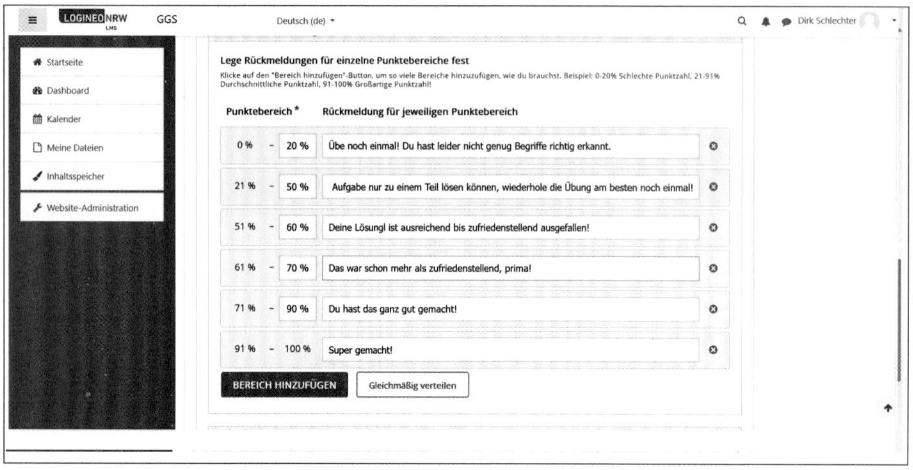

*Screenshot zu Rückmeldungen in Logineo im Punktebereich eines Kreuzworträtsels (Crossword) (erstellt am 06.08.2021): Man kann genau definieren, welche Rückmeldung beim Erreichen einer bestimmten Punktzahl automatisch an Schüler*innen gegeben werden soll.*

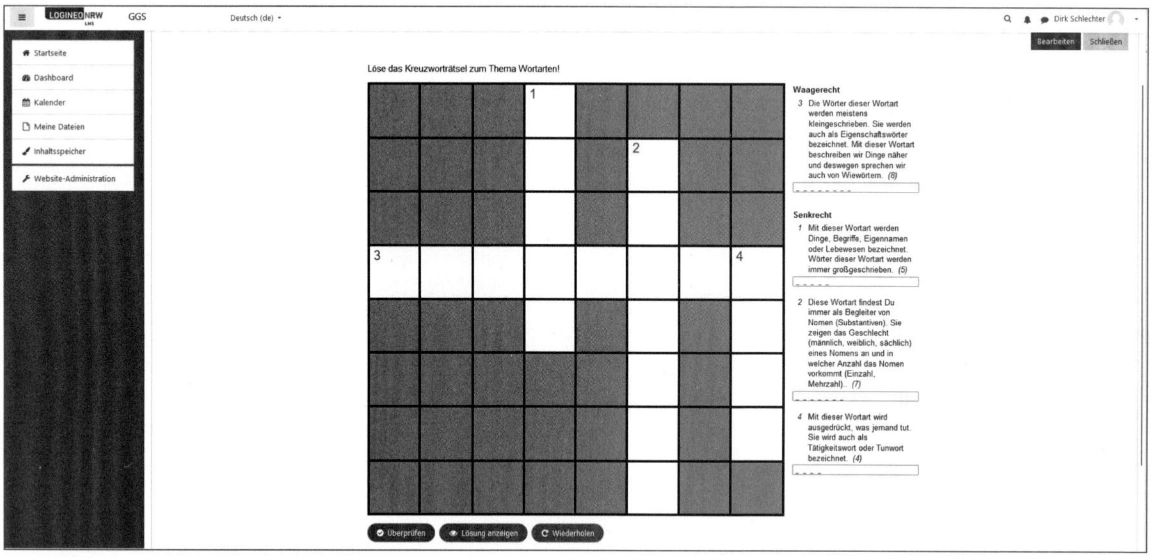

*Screenshot eines fertigen Kreuzworträtsels, welches sich mit etwas Übung in Logineo in wenigen Minuten für die Schüler*innen erstellen lässt (erstellt am 06.08.2021).*

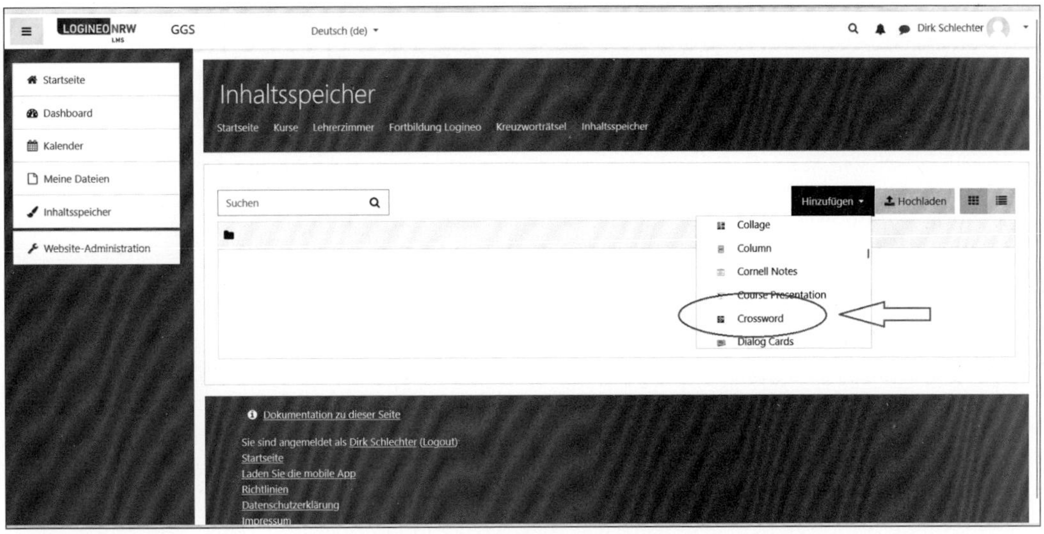

*Screenshot des Inhaltsspeichers von Logineo (erstellt am 06.08.2021): Hier lassen sich über das H5P-Format leicht ansprechende Aufgabenformate generieren, um später die individuellen Lernfortschritte der Schüler*innen nachvollziehen zu können.*

Logineo verfügt auch über den Logineo NRW Messenger, mit dem eine direkte Kommunikation mit Eltern und Schüler*innen möglich ist. Auch hier betont die Landesregierung in NRW, dass die Kommunikation mit dem Messenger rechtssicher und datenschutzkonform erfolgen kann, was z. B. bei anderen Messengern wie WhatsApp nicht gegeben ist und an manchen Schulen bereits zu Klagen von Eltern geführt hat.

Das Logineo LMS ist in Kursbereiche aufgeteilt, auf die unterschiedliche Personenkreise verschiedene Zugriffsrechte haben, die administrativ zugewiesen werden können.
Schulen erhalten Zugriff auf Logineo, indem der Zugang von der Schule zunächst kostenlos unter *www.logineo.nrw.de* (zuletzt geprüft am 10.10.2022) beantragt wird. Der Schule gehen dann Zugangsdaten zu. Vor allem für kleinere Grund- und weiterführende Schulen kann die Einrichtung des Lernmanagementsystems Logineo jedoch problematisch sein, denn gibt es an der Schule kaum EDV-affines Personal, stellt die Einrichtung der Lernplattform viele Schulen zunächst einmal vor große Herausforderungen. Zwar werden zu Logineo durchaus Fortbildungen vom Land oder den Bezirksregierungen sowie privaten Fortbildungsinstituten angeboten, allerdings berichten viele Lehrer*innen, dass sie sich trotz der erfolgten Einweisung bei der Weitergabe und Umsetzung der Fortbildungskenntnisse an das Kollegium ihrer Schule überfordert fühlen. Logineo bietet nämlich viele Funktionen und stellt ein sehr leistungsfähiges Instrument dar; die Fülle der Einstellungsmöglichkeiten in der Lernplattform und ihre Komplexität überfordern vor allem viele Logineo-Neulinge zunächst. Man benötigt Ruhe und Muße zur Einarbeitung, dies kann ich als Autor dieses Buches aus eigener Erfahrung berichten. Nicht alles funktioniert gleich auf Anhieb, aber es gibt sehr viele Erklärvideos (z. B. auf YouTube), die bei den meisten Problemen weiterhelfen.

Logineo NRW sollte man am besten erst im Kollegium im „Trockendock" einführen.
Viele Schulen haben gute Erfahrungen damit gemacht, Logineo NRW erst einmal nicht sofort für alle Personengruppen (Schüler*innen, Eltern und Lehrkräfte sowie weiteres Personal) von Anfang an zugänglich zu machen und den Zugriff nicht für alle gleichzeitig verfügbar zu machen. Geben Sie sich am besten Zeit zur Einführung des LMS von Logineo an Ihrer Schule und binden Sie zuerst die Schulleitung und die Lehrkräfte in das System ein. So kann zunächst im „Trockendock" die Bedienung eingeübt werden und Sie gewinnen Sicherheit im Umgang mit Logineo. Erste Probleme mit der richtigen Konfiguration und Inbetriebnahme der Plattform, die erfahrungsgemäß jede Schule haben wird, können Sie ohne negative Außenwirkung bewältigen. Erst wenn alles vorbereitet und betriebsfähig ist und wenn alle Lehrer*innen mit der grundlegenden Handhabung vertraut sind, schalten Sie Logineo für Schüler*innen und Eltern frei.

Zu diesem Zeitpunkt sollten auch die Lehrer*innen souverän Hilfestellungen geben können, weil sie sich zuvor bereits an die Plattform herangetastet haben. Die Länge der „Vorphase" einer Nutzung von Logineo im Kollegium sollte bei jeder Schule bedarfsorientiert durchaus unterschiedlich lang ausfallen. Manche Schulen starten bereits nach einem halben Jahr in die Anwendung mit Schüler*innen, andere nehmen sich dafür ein ganzes Jahr Zeit.

Lockdowns wie in der Corona-Krise u. Ä. können natürlich den Druck erhöhen, frühzeitig in eine gemeinsame Nutzung einzusteigen. Aber auch dann kann man den Umfang der genutzten Funktionen allmählich erweitern und muss nicht mit allem gleichzeitig beginnen. Einige Schulen setzen z. B. zuerst auf die Nutzung der Dienst-E-Mail-Adressen und Schüler*innen-E-Mail-Adressen, bevor sie das LMS in einem späteren Schritt hinzunehmen.

5 Videokonferenzen (Synchroner Unterricht)

Videokonferenzen ermöglichen digitalen Unterricht mit der gesamten Lerngruppe. Anders als im Präsenzunterricht sind manche Dinge aber nicht wirklich „synchron" möglich. Gemeinsames Singen z. B. ist im Musikunterricht in der Online-Version eine Utopie, da die akustischen Signale zeitversetzt übermittelt werden. Ein Unterrichtsgespräch allerdings ist via Videokonferenz möglich, auch Referate lassen sich wie kleine Kurzvorträge in einer Videokonferenz realisieren. Plattformen wie Zoom, BigBlueButton, JitsiMeet oder das Videokonferenzmodul der jeweiligen Lernplattform (z. B. IServ) ermöglichen pädagogische Videokonferenzen. Lehrer*innen haben einen Überblick über alle Teilnehmer*innen, in der Regel ist die Durchführung von kurzen Umfragen möglich. Das Mikrofon kann für alle Teilnehmer*innen bei Bedarf ein- und ausgeschaltet werden, wobei das Einschalten zentral durch Lehrer*innen wegen des Datenschutzes nicht möglich ist ohne die Einwilligung der jeweiligen Schüler*innen.

Videokonferenzen folgen i. d. R. dem regulären Stundenplan des Präsenzunterrichts. Im 1:1-Format wurden diese bisher aber nur selten von den jeweiligen Schulen umgesetzt, da ein ganzer Schultag im Videokonferenz-Format für Schüler*innen und Lehrer*innen sehr anstrengend ist. Es empfiehlt sich also, die Bearbeitung von Aufgaben in eigenständige Arbeitsphasen ins Homeschooling „auszulagern", während wichtige soziale Prozesse und Momente des gemeinsamen Austauschs bzw. der gemeinsamen Einordnung von wichtigen Arbeitsergebnissen via Videokonferenz erledigt werden. Dadurch reduziert sich die Bildschirmzeit aller Beteiligten und ein Unterrichtstag wird auch als weniger anstrengend erlebt. Videokonferenzen bedeuten für die meisten Beteiligten das Einnehmen einer passiven rezeptiven Rolle, was auf die Dauer besonders ermüdend ist. Nur mit methodischem Aufwand kann dies von der moderierenden Lehrperson durchbrochen werden.

Einige Programme ermöglichen das Generieren von Teilnehmer*innenlisten, was für die Klassenbuchführung sehr von Vorteil ist. Plattformen wie BigBlueButton verfügen über eine „digitale Tafel", auf die Teilnehmer*innen mit Erlaubnis der Lehrer*in schreiben dürfen. Das Angeschriebene wird so für alle sichtbar, d. h. einfache Möglichkeiten der Ergebnissicherung und des kollaborativen Arbeitens sind bereits in Videokonferenzplattformen selbst angelegt. Durch das Teilen des Bildschirms können aber so gut wie alle Apps in Videokonferenzen genutzt werden, was das Potenzial des synchronen Unterrichts enorm vergrößert (z. B. interaktive Kartenabfrage mit Padlet/Mentimeter-Umfrage während einer Videokonferenz). Klassiker sind das Präsentieren einer vorher angefertigten PowerPoint-Präsentation oder eine Web-Recherche, an der alle teilhaben können, die der Videokonferenz beiwohnen.

Einige Plattformen erlauben das Setzen eines persönlichen Status oder die Verwendung von Emojis, um auch Rückmeldungen grafischer Art einzusetzen.

6 Apps (Asynchroner Unterricht)

Während digitaler Unterricht per Videokonferenz die Beteiligung von Lehrer*innen und Schüler*innen zur selben Zeit erfordert (synchron), gilt dies nicht für asynchronen Unterricht. Mittels verschiedener Apps und Web-Apps können Erarbeitungsphasen flexibel online zu Zeitpunkten erfolgen, zu denen Schüler*innen sich zur Aufgabenbearbeitung eigenständig entschließen. Anders als im Präsenzunterricht gewinnen sie so mehr Kontrolle über die zeitliche Umsetzung bei der Erledigung von Aufgabenstellungen. Eine eigene Zeiteinteilung bei der Aufgabenbewältigung wird möglich, allerdings setzt asynchroner Unterricht so auch ein gewisses Selbstmanagement der Schüler*innen voraus. Synchrone und asynchrone Arbeitsformen lassen sich kombinieren.

Einen guten Überblick über einzelne Apps bietet das Buch „Tablet und Apps im Unterricht" (Auer Verlag, Bestellnr. 08630), in dem mehrere Apps detailliert beschrieben werden und welches auch Zusatzmaterialien in der Form von MP4-Videodateien zu einer Auswahl von vorgestellten Apps enthält. Hier kann aus Platzgründen nur eine Zusammenstellung einiger wichtiger Apps für den asynchronen digitalen Unterricht gezeigt werden:

App/Digitales Tool	Anwendungsgebiet
OfficeSuite (MobiSystems) *(https://www.officesuite.com/de/)*	Alternative zu MS Office für die Erstellung digitaler Arbeitsmaterialien
Microsoft Forms *(https://www.microsoft.com/de-de/microsoft-365/online-surveys-polls-quizzes)*	Erstellung von Umfragen und Quizfragen
Microsoft Teams *(https://www.microsoft.com/de-de/microsoft-teams/group-chat-software)*	Online-Unterrichts-Hub mit der Option für Chats, Videokonferenzen und gemeinsamen Datenaustausch
Freemind *(https://freemind.sourceforge.net/wiki/index.php/Main_Page)*	Digitale Möglichkeit zur Mindmap-Erstellung
Wortwolken *(https://www.wortwolken.com/)*	Kostenlose Möglichkeit zur Generierung von Wortwolken und Tag-Cloud-Wolken
Kahoot *(https://kahoot.com/)*	Erstellung von digitalen Quizspielen für den Distanz- und Präsenzunterricht
Padlet *(https://de.padlet.com/)*	Digitale Pinnwand für Texte, Bilder, Arbeitsblätter, Aufgabenstellungen, Videos, Links, Sprachaufnahmen etc.
Canva *(https://www.canva.com/de_de/)*	Web-App zur Erstellung ansprechender Präsentationen für den Unterricht
Etherpad/ZUMpad *(https://etherpad.org/, https://zumpad.zum.de/)*	Web-App für kollaboratives Arbeiten im Klassenverband oder in Gruppen
JitsiMeet *(https://meet.jit.si/)*	Videokonferenztool
Debut (Bildschirmrekordersoftware) *(https://www.heise.de/download/product/debut-46646)*	Erstellung von abgefilmten Bildschirmvideos (z. B. zur Herstellung von WikiHow-Videos)
Bildschirmaufnahme mit dem iPad oder iPhone	Bildschirmaufzeichnungen können als Videos mit Apple-Geräten angefertigt werden (Erklärvideos sind möglich)
Lernplattform IServ *(https://iserv.de/)*	Modular aufgebaute Lernplattform
Lernplattform SchoolFox *(https://foxeducation.com/de/schoolfox/)*	Modular aufgebaute Lernplattform
Lernplattform Logineo *(https://www.logineo.de/)*	Modular aufgebaute Lernplattform

App/Digitales Tool	Anwendungsgebiet
Edmond *(https://nrw.edupool.de/)*	Medienbibliothek
YouTube *(https://www.youtube.com)*	Videoportal zum Anschauen, Teilen und Hochladen von Videos
Nebo *(https://www.nebo.app/de/)*	App zur handschriftlichen Korrektur digitaler Texte bzw. zum Ausfüllen von Arbeitsblättern via Apple-Screencasting
Apple-Notizen-App *(https://apps.apple.com/de/app/notizen/id1110145109)*	Notizen mit dem Tablet/Smartphone anfertigen
Book Creator *(https://bookcreator.com/)*	Erstellen von Büchern auf dem Tablet (Apple-Geräte)
Doodle *(https://doodle.com/de/)*	Umfrage-Tool
Edkimo *(https://edkimo.com/de/)*	Evaluationstool/Feedbacks online einholen
Mentimeter *(https://www.mentimeter.com/)*	Aufbereitung von Abstimmungsergebnissen in Echtzeit (z. B. in Videokonferenzen)
Facebook *(https://de-de.facebook.com/)*	Social-Media-Plattform
WhatsApp *(https://www.whatsapp.com/?lang=de)*	Social-Media-Plattform
Anton-App *(https://anton.app/de/)*	Interaktive Lern-App für mehrere Schulfächer
LearningApps.org *(https://learningapps.org/)*	Online-Lernplattform aus der Schweiz mit interaktiven multimedialen Vorlagen
LearningSnacks *(https://www.learningsnacks.de/)*	Online-Lernplattform im Messenger-Stil
CoSpaces *(https://cospaces.io/edu/)*	Virtuelle Plattform, die Präsentationen für den Distanz- und Präsenzunterricht im dreidimensionalen Raum möglich macht
Worksheet.digital *(https://worksheet.digital/)*	Eigene digitale Arbeitsblätter ohne Einrichtung von Schüler*innen-Accounts nutzen
BigBlueButton *(https://bigbluebutton.org/)*	Videokonferenzplattform
Zoom *(https://explore.zoom.us/de/products/meetings/)*	Videokonferenzplattform

Viele Schulbuchverlage bieten eigene Apps zum Online-Lernen an. Sie lassen sich häufig in Kombination mit bestimmten Lehrwerken einsetzen.

7 Arbeiten mit Smartboards und Activeboards

Im digitalen Unterricht kann das Smartboard/Activeboard ein wichtiges Leitmedium sein. Verschiedene Hersteller bieten eine Vielzahl von Modellen an, die für unterschiedliche Zwecke eingesetzt werden können. Moderne Geräte lassen sogar Hybridunterricht zu, da sie über eine integrierte Webkamera (Webcam) und über Raummikrofone verfügen.

Beispiel für eine festinstallierte digitale Tafel (Prowise) – das Gerät kann auf unterschiedliche Arbeitshöhen eingestellt werden und verfügt über Raummikrofone, eine Webcam und diverse Anschlüsse.

Die Ausstattung der Geräte kann nicht mit einem gewöhnlichen Laptop, in dem z. B. Mikrofon und Kamera verbaut wurden, verglichen werden. Wortmeldungen aus ferneren Ecken des Klassenraumes werden von ungeeigneten Mikrofonen in Tablets oder Laptops nur unzureichend erfasst und werden dann leider nicht von den Schüler*innen in Distanz verstanden. Vorinstallierte Smartboards in Klassenräumen sind also ein entscheidender Schritt in Richtung einer Professionalisierung des digitalen Unterrichts.
Der Umgang mit digitalen Tafeln kann jedoch nicht intuitiv vorausgesetzt werden, vielmehr sind immer wiederkehrende Schulungsmaßnahmen zwingend notwendig, damit die Geräte fachgerecht bedient werden können und keine Schäden durch unsachgemäße Nutzung entstehen. Einige mobile Modelle verfügen z. B. über automatische Feststellbremsen, die beim Verstellen der Arbeitshöhe ganz von allein eingeschaltet werden. Werden die Boards dann aber dennoch durch den Raum geschoben, können Schäden am Gerät entstehen.

Vor allem die eingesetzte Software auf digitalen Tafeln bedarf einer Einarbeitung und Einweisung. Während z. B. die Firma Prowise auf eine webbasierte Tafeloberfläche setzt, mit der Tafelbilder online gespeichert und dann zu Hause oder in der Schule bearbeitet werden können, setzen andere Hersteller auf eine Software, die auf jedem Gerät vorinstalliert werden muss.

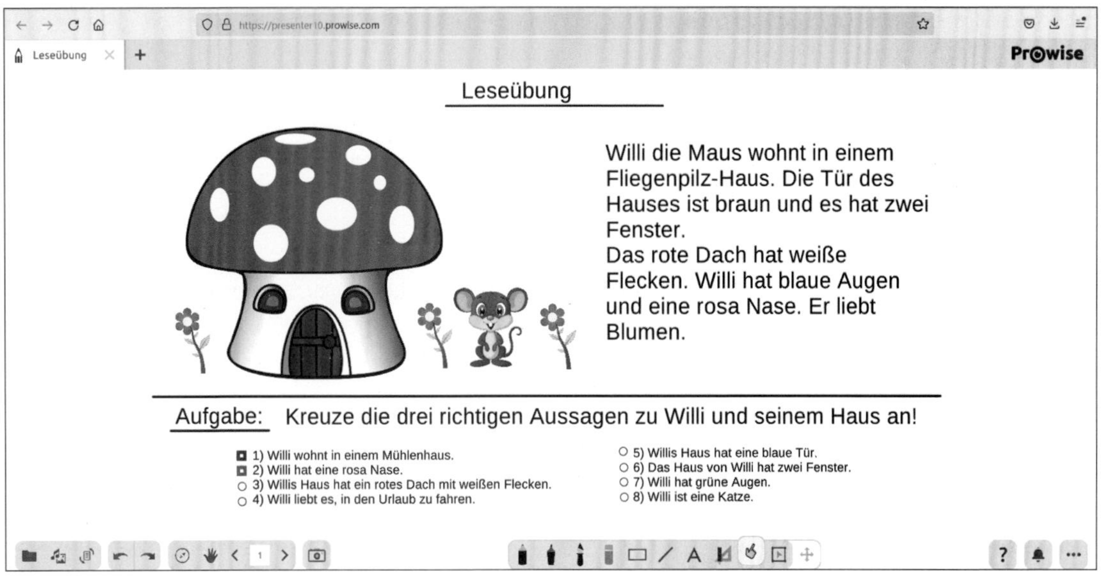

Darstellung des Tafelbildes über die Software Presenter 10 (Prowise) (erstellt am 06.08.2021).

Die Anwendungsmöglichkeiten digitaler Tafeln gehen weit über das hinaus, was die gute alte Kreidetafel konnte. Moderne Smartboards/Activeboards können etwa Tafelbilder archivieren und wieder abrufbar machen. Tafelbilder lassen sich auch im Dateiformat (Bild oder Text) exportieren und so an Schüler*innen weitergeben.
Auch sorgen unzählige Tools und integrierte Funktionen für tolle Anwendungsmöglichkeiten. Verwenden Schüler*innen beispielsweise ihr Heft, so können Hefteintragungen per Smartphone abfotografiert und durch Screencasting unmittelbar für alle am Smartboard sichtbar gemacht werden. So lässt sich bei der Ergebnissicherung im Unterricht sehr viel Zeit einsparen. Auch können durch das Screencasting Präsentationen von Schüler*innen oder Lehrer*innen zügig auf die digitale Tafel gebracht werden. Dazu verbindet man den Laptop oder das Smartphone gezielt schnurlos über Bluetooth oder WLAN mit dem Smartboard.

Die Touchoberfläche der Smartboards/Activeboards ermöglicht anders als auf einer Kreidetafel das Korrigieren und Modifizieren bestehender Tafelbilder, indem Elemente noch einmal verschoben oder umgruppiert werden können.
Während – wenn man von den Leistungen weniger virtuoser Tafelbildzeichner*innen einmal absieht – in der Vergangenheit nur zweidimensioinale Darstellungen auf der Tafel möglich waren, lassen sich auf modernen digitalen Tafeln dreidimensionale Modelle im Unterricht einsetzen. Diese können aus einschlägigen digitalen Bibliotheken oftmals vorgefertigt heruntergeladen werden.

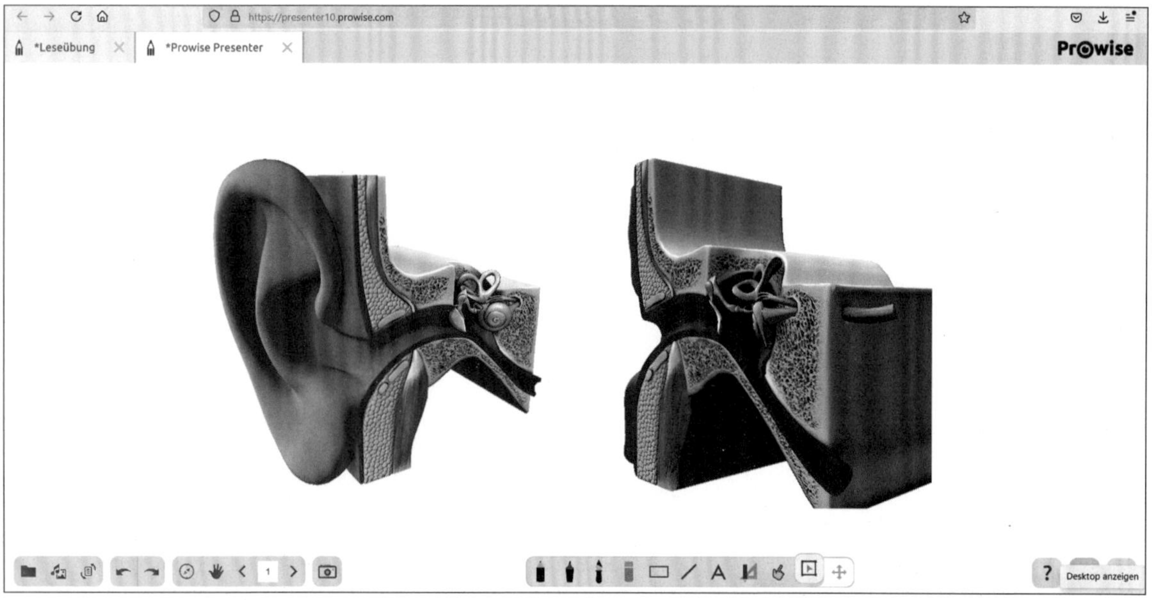

3D-Abbildung eines Ohres aus zwei frei gewählten Aufsichtperspektiven auf das Ohr-Modell (Biologie-Unterricht) – die Abbildungen sind um 360° frei drehbar (Prowise Presenter 10) (erstellt am 06.08.2021).

Viele digitale Tafeln lassen sich aber auch einfach dazu nutzen, eine MS PowerPoint-Präsentation zu zeigen oder für alle sichtbar ein MS Word-Dokument zu bearbeiten. Klassische Windowsanwendungen bilden bis heute noch oft eine der häufigsten Nutzungsvarianten.

Methodisch erlauben digitale Tafeln auch spontan Vorgehensweisen im Unterricht, die vormals einer guten Vorbereitung bedurften – etwa die Nutzung eines Methodenkoffers (z. B. Mitführen von Magneten, Karteikarten und Filzstiften). Eine Kartenabfrage z. B. kann mit der richtigen Tafeleinstellung ohne Vorbereitung sofort umgesetzt werden (etwa durch Nutzung von Padlet.com). Auch die Software Prowise Presenter 10 enthält ein Tool für die Erstellung von Kartenabfragen.

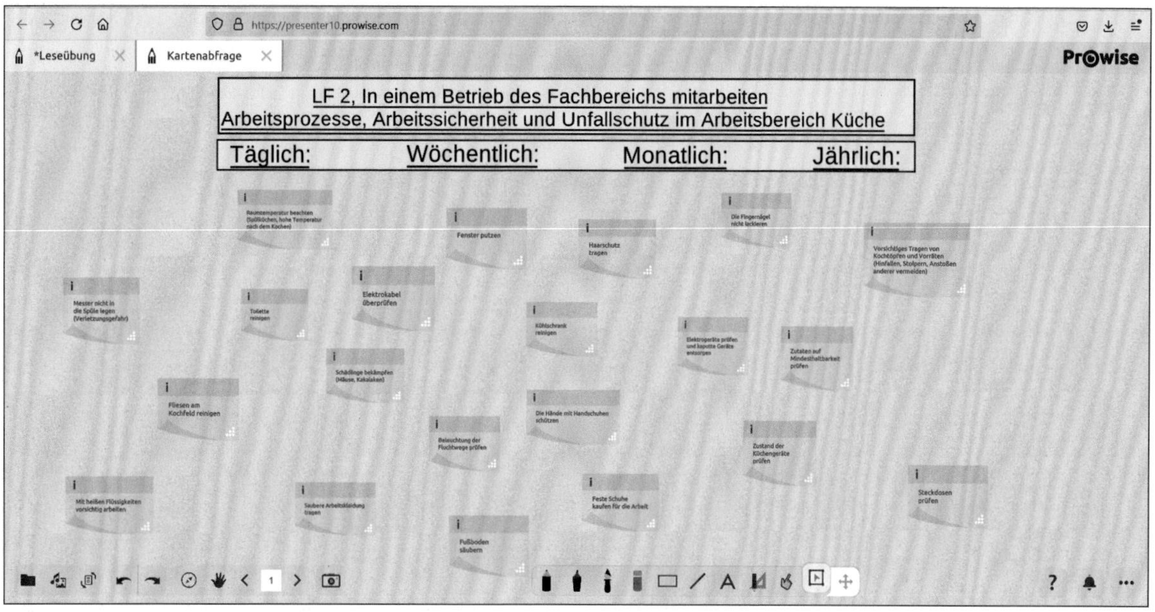

Kartenabfrage mit dem Prowise Presenter 10 (webbasierte Software für Smartboards von Prowise) (erstellt am 06.08.2021).

8 Phasen und Formen des digitalen Unterrichts

Digitaler Unterricht muss – genauso wie der reguläre Unterricht – vorher geplant werden. Vieles kann bei der Planung aus dem Präsenzunterricht übernommen werden, manches muss sicherlich anders organisiert werden.

Einstiege

Setzt man im Unterricht auf das Format der Videokonferenz, so bieten sich für den Unterrichtseinstieg die zahlreichen digitalen Möglichkeiten an, die durch die jeweilige Plattform unterstützt werden. Die meisten Plattformen, z. B. Zoom, BigBlueButton oder das Videokonferenzmodul in IServ, bieten ein Umfragetool an, mit dem Einstellungen oder Wertungen zu einem bestimmten Unterrichtsthema blitzschnell erfasst und automatisch (z. B. im Balkendiagramm) ausgewertet werden können. Alternativ können dazu auch Tools wie Mentimeter (*https://www.mentimeter.com*, zuletzt geprüft am 10.10.2022) eingesetzt werden. Genauso sind das Zeigen eines stummen Impulses (Bildimpuls) oder das Vorführen eines kurzen Lehrfilmes (z. B. über YouTube) eine gute Option. Einige Lernplattformen beinhalten bereits den Zugang zu Bildungsmediatheken (Beispielbundesland NRW: Bildungsmediathek NRW, *https://nrw.edupool.de/*, zuletzt geprüft am 10.10.2022), wo zahlreiche auch für den Unterricht geeignete Lehrfilme gefunden werden können. Manche Materialien lassen sich dann direkt während einer Videokonferenz zeigen oder man gibt als Lehrer*in Zeit für das Anschauen einer Lehrfilmsequenz, die z. B. als Link via Chat in der Videokonferenz zur Verfügung gestellt wird. Bei derartigen Einstiegen sollte man aber bedenken, dass die Unterrichtszeit gerade für den sozialen Austausch besser genutzt werden kann.

Das Anschauen von Filmen kann im Videounterricht auch ganz bewusst zur Nutzung in asynchron organisierten eigenständigen Phasen vorgesehen werden. Dies sollte vor allem bei längeren Filmen unbedingt so gehandhabt werden, die kostbare gemeinsame Zeit kann so kommunikativ genutzt werden. Technisch umgesetzt werden kann das Zeigen von Bildschirminhalten wie einem Bildimpuls gezielt über die Funktion „Bildschirm teilen" in der jeweiligen Videokonferenzsoftware.

Im Vorfeld einer Videokonferenz sollten alle Teilnehmer*innen rechtzeitig darüber in Kenntnis gesetzt werden, dass diese stattfindet. Dies kann über eine Einladungs-E-Mail, die alle Beteiligten rechtzeitig informiert und die den Link zur Videokonferenz beinhaltet, gewährleistet werden.

Erarbeitungsphasen

Eine Besonderheit des digitalen Unterrichts besteht darin, dass sich Arbeitsphasen als asynchrone Unterrichtsphasen sehr gut ausgliedern und unabhängig von gemeinsamen synchronen Unterrichtsphasen bewerkstelligen lassen.

Die Anforderungen an digitalen Unterricht wurden für die meisten Bundesländer in Handreichungen für den Distanzunterricht oder Handreichungen zur Verknüpfung von Präsenz- und Distanzunterricht zusammengefasst. Hier finden sich auch Ideen zur Planung und Umsetzung von Unterricht.

Links zum Distanzunterricht, Beispielbundesland NRW:

Handreichung	Link
NRW – Allgemeinbildende Schulen: Handreichung zur lernförderlichen Verknüpfung von Präsenz- und Distanzunterricht	*https://broschüren.nrw/fileadmin/Handreichung_zur_lernfoerderlichen_Verknuepfung/pdf/Handreichung-Distanzunterricht.pdf* (zuletzt geprüft am 10.10.2022).
NRW – Berufskollegs: Handreichung Distanzunterricht	*https://www.berufsbildung.nrw.de/cms/upload/distanzunterricht/handreichung_distanzunterricht_bb.pdf* (zuletzt geprüft am 10.10.2022).

Klassisch können Erarbeitungsphasen durch Bereitstellung von Materialien und Aufgaben in der Bildungscloud der Schule analog zum Präsenzunterricht gestaltet werden. Arbeitsblätter erreichen Schüler*innen dann nicht in Papierform, sondern werden digital zur Verfügung gestellt (als PDF-Datei, Word-Datei, Bilddatei etc.). Ein großer Nachteil bei einer solchen Vorgehensweise in Erarbeitungsphasen besteht darin, dass Schüler*innen die Arbeitsblätter je nach Format und verwendetem Endgerät nicht zwingend auch digital ausfüllen können. Es hat nichts mit Digitalisierung zu tun, wenn sie dann zum Ausdrucken der Aufgaben gezwungen sind, diese wegen eines viel zu kleinen Displays auf dem verwendeten Endgerät (z. B. Smartphone) kaum lesen können oder das Arbeitsblatt wegen eines fehlenden Druckers o. Ä. zu Hause gar nicht bearbeitet werden kann. Die Situation der „Endverbraucher*innen" bzw. der Schüler*innen daheim muss also bei der Auswahl der Arbeitsmaterialien mitbedacht werden.

Gerade für gestandene Kolleg*innen ist es eine große Herausforderung, aus Bestandsmaterialien für den Präsenzunterricht nun digitale Materialien zu entwickeln, die für einen zeitgemäßen Distanzunterricht genutzt werden können. Fertige Arbeitsblätter für eine zeitökonomische Vorbereitung findet man, zum Teil sogar kostenfrei, im Internet. Hinzu kommen viele kostenpflichtige, dafür aber oft auch verlässlichere, Angebote, etwa die der (Schulbuch-) Verlage.

Die Korrektur oder eine direkte Rückmeldung erhalten die Schüler*innen bei der Nutzung von fertigen digitalen Aufgabenformaten. Diese findet man kostenfrei z. B. auf der Seite *https://learningapps.org/* (zuletzt geprüft am 10.10.2022) für zahlreiche Fächer und Schulformen in unterschiedlichen Jahrgangsstufen.

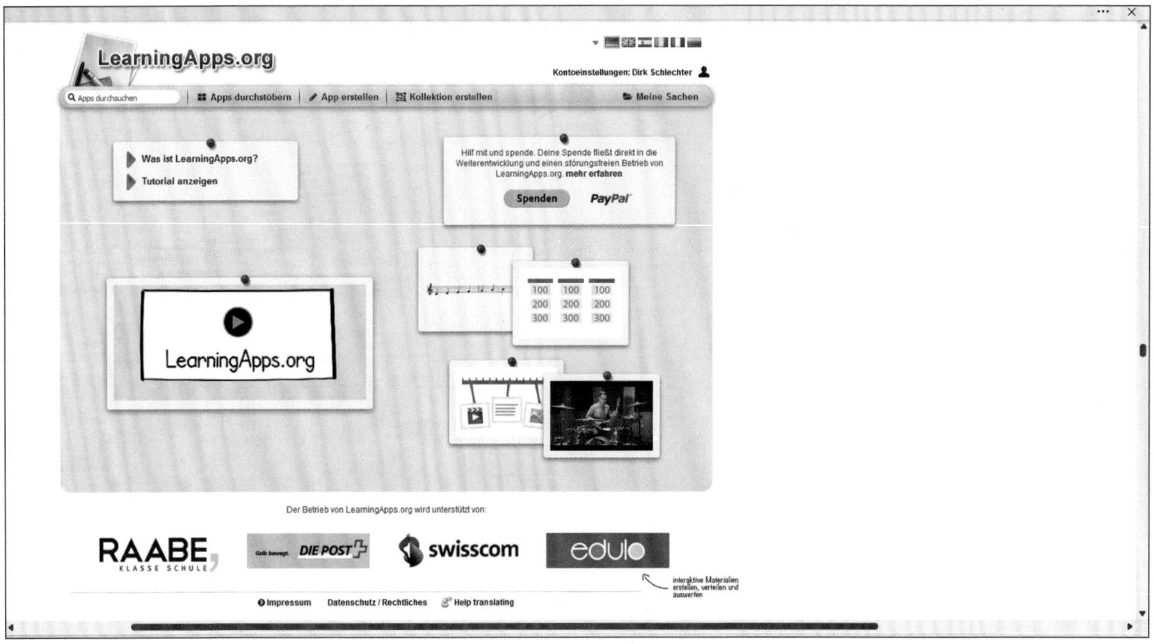

Screenshot der Startseite von https://learningapps.org/ (erstellt am 06.08.2021).

Schlussphasen

Zum Abschluss einer Videokonferenz (synchrones Unterrichtsformat) sollten in einer Online-Phase wichtige Vereinbarungen getroffen werden. Besonders wichtig ist eine verbindliche Verabredung, wann die nächste Videokonferenz für die Lerngruppe ansteht, und welche Nach- und Vorbereitungen des Unterrichts erfolgen sollen. Zum Abschluss kann auch eine Feedback-Runde durchgeführt werden, in der jede*r Teilnehmer*in eine persönliche Rückmeldung zur Unterrichtseinheit verbalisiert. Ein aktivierender Schluss, zu dem nicht nur Lehrer*innen zu Wort kommen, eignet sich übrigens nicht nur für einen Distanzunterricht.

Übersicht über Fragestellungen, die am Ende einer Videokonferenz mit Schüler*innen sinnvoll geklärt werden können:

0.	Welche Nachbereitung des Unterrichts ist erforderlich?
1.	Wann findet die nächste Videokonferenz statt?
2.	Gibt es die Notwendigkeit für die Teilnehmer*innen, sich zur Bearbeitung von Aufgabenstellungen, zum Austausch, zur Erledigung von Hausaufgaben, Referaten o. Ä. miteinander zu einer weiterführenden unmoderierten Videokonferenz (ohne anwesende Lehrer*innen) miteinander zu verabreden?
3.	Wie kann eine Fortführung des Unterrichts aussehen, welche nächsten Unterrichtsziele sollen gemeinsam erreicht werden?
4.	Erstellt jemand ein Protokoll oder ein Handout über die vergangenen digitalen Unterrichtsstunden, damit fehlende Schüler*innen den Unterrichtsinhalt ggf. nacharbeiten können?
5.	Bietet sich die Gelegenheit zur Durchführung einer Online-Umfrage zur Abfrage eines Meinungsbildes in der Lerngruppe, zur Abfrage der gewünschten weiteren Vorgehensweise, zur Evaluation des Unterrichts oder zur Ermittlung der mehrheitlich gewünschten weiteren Vorgehensweise?
6.	Wurde das Unterrichtsangebot als sinnvoll und nützlich von der Mehrheit der Teilnehmer*innen aufgenommen?
7.	Wie kann sichergestellt werden, dass Ergebnisse der Unterrichtsstunde für alle verfügbar gemacht werden können (z. B. in der schuleigenen Bildungs-Cloud)?
8.	Kann bereits jetzt abgeleitet werden, welche Inhalte für die nächste Leistungsüberprüfung (z. B. Klausur, Klassenarbeit, schriftliche Übung) besonders relevant sind?
9.	Kann der Termin für die nächste Leistungsüberprüfung bereits mitgeteilt werden und sind kleinere Leistungsüberprüfungen (schriftliche Übungen) als Zwischenetappen geplant? Hierbei sollte auch mit der Lerngruppe geklärt werden, ob ggf. ein Distanz- oder ein Präsenzformat gewählt werden wird.

Hybridunterricht

Hybridunterricht ist wohl die Königsdisziplin unter den Formaten, die digitaler Unterricht zu bieten hat. Insbesondere in Hochinzidenzphasen waren während der Corona-Pandemie viele Schüler*innen von Quarantäne betroffen und konnten – soweit es der gesundheitliche Zustand zuließ – von zu Hause aus am digitalen Unterricht teilnehmen. Nur wenige hatten aber die Gelegenheit, direkt in den Unterricht ihrer Lerngruppe via Videokonferenz dazugeschaltet zu werden. Dabei war die Anforderung an Lehrer*innen hoch, einerseits die zu Hause befindlichen Schüler*innen im Blick zu haben und andererseits die Schüler*innen vor Ort im Klassenraum zu betreuen.
Die Kinder oder Jugendlichen daheim müssen im Vorfeld einen Link zur Videokonferenz per E-Mail erhalten. Außerdem empfiehlt sich das Einholen einer Rückmeldung, ob eine Teilnahme am digitalen Unterricht aus gesundheitlicher Sicht überhaupt möglich ist. In einem echten Hybridunterricht werden die zu Hause befindlichen Schüler*innen nämlich live per Webcam (Webkamera) in den Unterricht zugeschaltet und direkt am Unterrichtsgeschehen beteiligt.

Bei der Umsetzung von Hybridunterricht sind einige Fallstricke technischer und organisatorischer Art zu bedenken. Die hier beschriebenen Punkte beruhen auf meinen eigenen Erfahrungen aus der Unterrichtspraxis:

Checkliste Hybridunterricht

Aspekt wurde berücksichtigt	Wichtige Aspekte für den Hybridunterricht
❑	Die Schüler*innen, die nicht im Präsenzunterricht anwesend sind, sind bereit, am Distanzunterricht via Videokonferenz teilzunehmen.
❑	Die Schüler*innen, die am Hybridunterricht aus der Distanz teilnehmen wollen, verfügen über die erforderliche technische Ausstattung (Laptop und Webcam, eigenes Smartphone mit Webcam, Tablet mit Webcam/Mikrofon).
❑	Ich bin mit dem Videokonferenzmodul (z. B. IServ-Videokonferenzmodul) vertraut und kann mithilfe der technischen Ausstattung der Schule eine Videokonferenz initiieren.
❑	Die Schüler*innen sind mit dem eingesetzten Videokonferenzmodul (z. B. IServ-Videokonferenzmodul) vertraut und können das Modul sicher bedienen. (Idealerweise wird die Verwendung bereits in der Schule vor dem Ernstfall eingeübt.)
❑	Bei auftretenden technischen Problemen kann ich mir selbst helfen oder Hilfe zügig herbeiholen, um Probleme zu beseitigen.
❑	Die betroffenen Schüler*innen wurden vom Hybridunterricht in Kenntnis gesetzt.
❑	Mit der Klasse und mit den betroffenen Schüler*innen wurde besprochen, dass der Unterricht in Bild und Ton via Videokonferenz übertragen wird.
❑	Die Schüler*innen, die zu Hause sind, sind sich über die Notwendigkeit zur Einhaltung von Verhaltensregeln während einer hybriden Videokonferenz im Klaren (Verhalten vor der Kamera, Kleiderordnung, Ein- und Ausschalten des Mikrofons nur nach Aufforderung durch die Lehrperson).
❑	Für die Teilnahme an der Videokonferenz wählen die Schüler*innen zu Hause einen geeigneten Raum und vermeiden es, zu private Einblicke in ihr häusliches Umfeld zu gewähren.
❑	Die Schule führt alljährlich einen digitalen Trainingstag durch, der eine souveräne Bedienung der Lernplattform/Videokonferenzplattform der Schule gewährleistet. Im Vorfeld erfolgen „Trockenübungen“, bei denen Lehrer*innen den Schüler*innen in Präsenz zur Seite stehen.
❑	Lehrer*innen machen sich vor dem Unterricht Gedanken darüber, wie die Ergebnissicherung im Hybridunterricht geschickt erfolgen kann (z. B. wird der Bildschirm während der Hybridkonferenz auf einer digitalen Tafel geteilt, sodass Schüler*innen in Präsenz und in Distanz auf dem gleichen Stand sind).
❑	Bei Abbrüchen des Hybridunterrichts (z. B. Verbindungsproblemen) ist allen Beteiligten klar, wie sie sich weiter verhalten sollen.
❑	Ggf. kann die Ergebnissicherung über ein zweites Gerät (weiteres Endgerät der Lehrkraft) separat während des Hybridunterrichts erfolgen, sodass eine zur Verfügung stehende digitale Tafel/ein Smartboard weiterhin für die Videokonferenz genutzt werden kann.

Aspekt wurde berücksichtigt	Wichtige Aspekte für den Hybridunterricht
❑	Die Lehrer*innen sollten darauf achten, dass die Schüler*innen in Präsenz diejenigen in Distanz auch sehen können (Einschalten der Webcam). Dies führt zu einer fairen Face-to-Face-Situation. Rechtlich verpflichtet werden können Schüler*innen dazu nicht. Es hilft jedoch oft, die Kamera in der Schule ebenfalls auszuschalten, falls die Teilnehmenden auf der anderen Seite ihrerseits das Bild abschalten. Dann werden nur noch das digitale Tafelbild und der Ton übertragen.
❑	Sind die Webkamera und das Raummikrofon an der digitalen Tafel funktionsfähig und sind die notwendigen aktuellen Treiber dafür installiert (Anschlüsse überprüfen, Kameraabdeckung ggf. entfernen)? Nur so kann der Hybridunterricht auch funktionieren. Sind außerdem die verwendeten Browser in einer aktualisierten Version installiert und funktioniert die genutzte Lernplattform reibungslos mit dem Browser?

Wechselunterricht

Der Wechselunterricht ist eine Möglichkeit des digitalen Unterrichts, welche während der Corona-Pandemie für eine sehr begrenzte Zeit in Schulen zur Anwendung kam. Lerngruppen wurden geteilt, um die Anzahl der im Klassenraum befindlichen Schüler*innen zu halbieren sowie größere Abstände und damit mehr Hygiene im Klassenraum zu gewährleisten. Für die Schüler*innen bedeutete dies einen (zumeist wöchentlichen) Wechsel zwischen Präsenz- und Distanzunterricht. Für die Lehrer*innen bedeutete es, dass der gleiche Unterricht mit verschiedenen Lerngruppen realisiert werden musste – dabei befand sich immer ein Teil der Lerngruppe in Distanz und der andere in Präsenz. Dies führte zu einer Reduktion der in Präsenz unterrichteten Stunden und zu einer parallelen Belastung durch von Lehrkräften notwendigerweise bereitzustellende Inhalte für Online-Lernprozesse. Lehrer*innen mussten neben der Erstellung von Arbeitsmaterialien für ihren Präsenzunterricht also auch Materialien für die schuleigene Lernplattform entwickeln und bereitstellen. Dadurch kam es zu einem Präsenz-Distanz-Spagat, der kaum durchzuhalten war: Wechselunterricht wurde und wird von Lehrer*innen als das belastendste Online-Unterrichtsmodell empfunden, weil Distanz- und Präsenzunterricht zugleich stattfinden müssen. Das Vorgehen hat sich daher nicht durchsetzen können. Eine gute Alternative zum Wechselunterricht ist der technisch und digital anspruchsvollere Hybridunterricht (s. o.), bei dem keine Unterrichtszeit durch wöchentliche Wechsel verlorengeht.

Homeschooling

Homeschooling bezeichnet die Beschulung von Schüler*innen zu Hause. Dabei muss diese Form des Unterrichts nicht zwingend einem Online-Unterrichtsmodell folgen. Einige Schulen stellten während der Corona-Krise Materialien (z. B. kopierte Arbeitsblätter) zur Verfügung, die in der Schule von den Eltern oder den Schüler*innen selbst abgeholt werden mussten. Zu Hause wurden diese dann in Eigenregie von den Heranwachsenden, z. B. einem Arbeits- oder Wochenplan folgend, bearbeitet.

Bei der digitalen Variante des Homeschoolings, die ein Online-Unterrichtsmodell umfasst, werden die Lerninhalte durch die Schüler*innen gänzlich zu Hause bearbeitet. Im Optimalfall werden die Kinder und Jugendlichen dabei online von Lehrkräften betreut (Rückmeldungen per E-Mail bzw. über die Lernplattform oder via Videokonferenz). Die Schule wird beim Homeschooling in der Reinform gar nicht betreten bzw. das Betreten wird möglichst vermieden. Diese Form wurde vorwiegend von wenigen Schulen im ersten Corona-Lockdown im Jahr 2020 praktiziert. Schulen, die bereits ein Lernmanagement-System (LMS) bzw. eine digitale Lernplattform zur Verfügung hatten, nutzten diese für Aufgabenstellungen, die den Schüler*innen online zugänglich gemacht wurden. Die ersten laienhaften Versuche des Homeschoolings setzten darauf, die Lehrer*innen im Lockdown durch die Erziehungsberechtigten zu ersetzen, die daher ihrer Erwerbstätigkeit vor allem bei kleineren Kindern im Haushalt kaum noch nachgehen konnten. Auch das Familienleben wurde in vielen Fällen durch die Doppelbelastung der Eltern (Familie & Beruf) sehr stark negativ beeinträchtigt. Ältere Schüler*innen wurden während des Homeschoolings zwangsweise zu regelrechten Autodidakt*innen oder fielen in ihren schulischen

Leistungen ins Bodenlose zurück. Das Homeschooling setzte in gewisser Weise bereits in Grundzügen eine Studierfähigkeit bei älteren Schüler*innen voraus.
Homeschooling gilt als gescheiterte Form des digitalen Unterrichts, da der Unterstützungsaspekt durch die Schule hier besonders niedrig ausgeprägt war. Diese Form der Beschulung wurde von Eltern und Kindern als sehr belastend empfunden, weil sie den Eltern das Unterrichten der eigenen Kinder aufbürdete und für eine noch größere Chancenungleichheit in bildungsferneren Schichten sorgte, als diese vorher schon bestand. Homeschooling meint i. d. R. moderne ausgefeilte Formen des Distanzunterrichts, bei denen Eltern nicht in die Lehrer*innen-Rolle gedrängt werden.

Individuelle Förderung

Digitaler Unterricht eröffnet große Chancen dafür, Kinder und Jugendliche individuell zu fördern. Schulbuchverlage und andere Anbieter publizieren derzeit immer mehr Apps, die über eine integrierte Diagnostik verfügen. An diese sind zudem Empfehlungen zum Absolvieren konkreter Übungen gekoppelt.
Im Auer Verlag etwa wurde für Schüler*innen der Primarstufe und der Sekundarstufe I eigens ein Materialpaket geschnürt, das ganz klassisch auch auf dem Tablet mit einem dazugehörigen Stift digital bearbeitet werden kann. Es dient zum Vertiefen, Wiederholen, Üben oder zur Erarbeitung neuer Lerninhalte.
Auch zum Erlernen von Fremdsprachen können zahlreiche Apps, z. B. in Form von Vokabeltrainern oder Wörterbüchern, eingesetzt werden. Damit kann der eigene Wortschatz im individuell gewählten Lerntempo weiter ausgebaut werden.
Experimente und Simulationen lassen sich von Schüler*innen selbstständig am digitalen Endgerät (z. B. am Tablet oder Laptop) nachvollziehen. Dabei helfen Lernumgebungen, die z. B. mit der App CoSpaces (*https://cospaces.io/edu/*, zuletzt geprüft am 10.10.2022) erstellt wurden.

Individuelle Förderung im digitalen Unterricht eröffnet die Möglichkeit, mit digitalen Lerntheken oder stark individualisierten Linklisten zu arbeiten, die zu Übungsaufgaben führen. Dabei entstehen keine Kopierkosten durch zusätzliche Arbeitsblätter und Übungsaufgaben.
Förderung kann aber auch durch Verlinken von Erklärvideos geschehen. Hier können Lehrer*innen gezielt beraten und Empfehlungen zur Absolvierung von Online-Übungen aussprechen. Solche finden sich beispielsweise auch auf kostenlosen Internetseiten wie der Online-Version der Anton-Web-App (*https://anton.app/de/*), auf LearningApps.org (*https://learningapps.org/*) oder auf Schlaukopf.de (*https://www.schlaukopf.de/*) (alle geprüft am 10.10.2022).

Digitale Förderdokumentation

In der Bildungs-Cloud können die Ergebnisse von Entwicklungs- und Förderplangesprächen gezielt dokumentiert werden. Diese werden dann in digitaler Form an die Klassenleitung weitergeleitet; dazu erhalten alle Kolleg*innen eine Blanko-Vorlage des Bogens vorab, z. B. via E-Mail. Ein Raster kann z. B. für einen kollaborativen Online-Arbeitsprozess wie folgt gewählt werden:

Entwicklungsgespräche in der Klasse ____________

Fach: ____________ **Fachlehrer*in:** ____________ **Stand: Januar 2023**

Nr.	Name, Vorname	interessiert sein	engagiert sein	Standhalten bei Herausforderungen und Schwierigkeiten	sich ausdrücken, mitteilen und mit anderen austauschen	zur Lerngemeinschaft beitragen und Verantwortung übernehmen	Momentaner Leistungsstand (Zensur)
1	Mustermann, Max	4	2	2	4	1	3
2	[...]	[...]	[...]	[...]	[...]	[...]	[...]

Bewertungskategorien:

1	2	3	4
überwiegend schwach	**mehr schwach als stark**	**mehr stark als schwach**	**überwiegend stark**

*Bogen Entwicklungsgespräche (eine ähnliche Vorlage wurde von Kolleg*innen am Herwig-Blankertz-Berufskolleg (https://www.hb-bk.de/, zuletzt geprüft am 10.10.2022) so in der Praxis verwendet).*

9 Betreuung von Schüler*innen und Eltern

Online-Unterricht als Form eines eigenständig wahrgenommenen Unterrichts kann nur älteren Schüler*innen ohne Unterstützung gelingen. Jüngere Schüler*innen sind auf eine Beaufsichtigung und auf Hilfestellungen angewiesen. Diese können z. B. in Betreuungseinrichtungen (auch im offenen Ganztag) oder über die Erziehungsberechtigten sichergestellt werden.

Keinesfalls ist es jedoch so, dass ältere Schüler*innen grundsätzlich allein erfolgreich am digitalen Unterricht teilnehmen können. Bei Problemen mit der Lernplattform können Video-Tutorials der Schule weiterhelfen, die sich z. B. mit öfter vorkommenden technischen Problemen oder Verständnisfragen befassen. Auch können kleinere Gruppen von Schüler*innen gebildet werden, in denen in einer Online-Phase gegenseitige Unterstützung organisiert und abgestimmt wird. Diese Unterstützung kann schon da ansetzen, wo Unklarheiten bezüglich der zu bearbeitenden Aufgabenstellungen während des digitalen Unterrichts auftreten oder der gewählte Lösungsweg mit anderen im Austausch reflektiert werden muss. Hier zeigten sich während der vergangenen Corona-Lockdowns große Schwächen des digitalen Unterrichts, weil Schüler*innen sich kaum gegenseitig unterstützt haben und stattdessen Einzelkämpfertum bei der Bewältigung von Schulaufgaben herrschte.

Viel schwieriger ist es hingegen, Schüler*innen wieder zum Lernen und zur Teilnahme am digitalen Unterricht zu motivieren. An vielen Stellen sind Bemühungen von Lehrer*innen gescheitert, die dies zum Ziel hatten. Es wurde von Kontaktabbrüchen berichtet, von Absentismus bei Videokonferenzen oder von Phasen der Arbeitsverweigerung der Schüler*innen. In manchen Lerngruppen wurde dies sogar vom Ausnahmefall zum Regelfall und nur ein „harter Kern" von Schüler*innen nahm weiter am Unterricht teil.

Hier sollte Unterstützung angeboten werden, um technische Hürden oder finanzielle Probleme zu überwinden, die eine Teilnahme am digitalen Unterricht unmöglich machen würden. Auch depressive Phasen oder soziale Störungen können mit Geduld und Hilfen oftmals überwunden werden. In diesem Fall können Schulsozialarbeiter*innen oder Schulpsycholog*innen weiter unterstützen und Kontakt aufnehmen. Oft ist aber die Herstellung eines verbindlichen Kontaktes zu den Schüler*innen und das Treffen von klaren Vereinbarungen zur Fortsetzung der Schullaufbahn ein wichtiger Schlüssel zum Erfolg. Dazu können dann auch Beratungsgespräche in Präsenz in der Schule dienen. Während einer Quarantäne gestalten sich eine Kontaktaufnahme mit

Schüler*innen und das Treffen von Vereinbarungen oft weniger erfolgreich, vor allem wenn der Gesundheitszustand betroffener Schüler*innen nicht eindeutig bekannt ist.

10 Soziale Folgen des Homeschoolings

In den Medien werden derzeit oft die Folgen des Homeschoolings für die Schüler*innen beschrieben. Manche von ihnen profitierten vom Lernen zu Hause, andere wurden vom Bildungsgeschehen noch weiter entrückt und sind nun noch größere Bildungsverlierer*innen. Homeschooling, welches auch mittels Lernplattformen erfolgt, ist häufig unpersönlicher als Präsenzunterricht, und nicht alle Schüler*innen wurden in der Vergangenheit während des Homeschoolings erreicht, was aus unterschiedlichsten Gründen der Fall war: Die einen hatten nicht das passende Endgerät, die anderen verfügten nicht über einen zuverlässigen Internetzugang und manche hatten weder hinreichend Antrieb noch die nötige Motivation, um aus der Distanz heraus regelmäßig zu lernen. Allgemein lässt sich sagen, dass vor allem leistungsschwächere Schüler*innen mehr Zuwendung und Zeit benötigen. Für manche Kinder und Jugendlichen ist Homeschooling auch gar keine Option (u. a. trifft dies auf einige Brennpunktschulen zu), da die gegebenen Lernbedingungen zu Hause nicht hinreichend günstig sind. Große Familien, die auf engem Raum leben, oder eine fehlende Wertschätzung für den Lernprozess im Umfeld der Schüler*innen führen dann nämlich leider zu schlechten Ergebnissen im Homeschooling. Die für diese Art des Unterrichts geforderten Digitalkompetenzen wurden im Falle mancher Schüler*innen zuvor im Präsenzunterricht auch gar nicht vermittelt, sodass die Schwierigkeiten beim Homeschooling manchmal auch auf fehlende Kompetenzen zurückgeführt werden können.

Übung macht den Meister – Lernplattformen regelmäßig nutzen
Schüler*innen sollten auf die Bedienung der an der Schule verwendeten Lernplattform vorbereitet werden. Dazu sollte diese zuvor auch im Präsenzunterricht regelmäßig eingesetzt und ihre Bedienung eingeübt werden. Verfügt die Lernplattform über ein Aufgabenmodul, so können z. B. Hausaufgaben verbindlich darüber laufen. Auch Aufgabenstellungen sollten auf digitalem Wege an die Schüler*innen gehen. Vorteile bietet dies auch in Zeiten des Präsenzunterrichts, da dann z. B. bei krankheitsbedingter Abwesenheit von Schüler*innen eine nachträgliche Bearbeitung der Aufgaben (Nachholen von verpasstem Lernstoff) zu Hause möglich ist. Zentrale Funktionen wie z. B. die Bedienung von Videokonferenzmodulen/-apps oder das Abrufen, Empfangen und Schreiben von E-Mails und Messenger-Nachrichten sollten integrativer Bestandteil des Unterrichts in Präsenz sein. Kommt es dann zu einer Distanzphase, so sind alle Schüler*innen auf diese vorbereitet worden, und das Risiko, gänzlich abgehängt zu werden, wird minimiert. Bei der Realisierung digitaler Teilhabe (z. B. durch die Nutzung eines eigenen Internetzuganges und die Anschaffung eines Endgerätes) sollte die Schule unbedingt so früh wie möglich beraten und unterstützen. Auf mögliche Bezugsquellen und finanzielle Unterstützungsmöglichkeiten sollte frühzeitig hingewiesen werden.
Wesentliche Kommunikationswege sollten vorher besprochen werden und allen bekannt sein. Leistungsanforderungen sollten den Schüler*innen auch für den Digitalunterricht transparent gemacht werden. Verfahren zur Feststellung der Anwesenheit im Unterricht sowie das Verhalten bei Krankmeldung oder anderweitig nötiger Abwesenheit (z. B. telefonische Abmeldung in der Schule oder bei der Klassenleitung) sollten allen bekannt sein.

Zugänge zur schuleigenen Lernplattform sollten den Schüler*innen und/oder Erziehungsberechtigten unter Aushändigung aller notwendigen Nutzungsregeln und Zugangsdaten bereitgestellt werden. Auch Verhaltensregeln für Videokonferenzen und für den Umgang mit der Lernplattform und den dort angelegten Daten sollten frühzeitig und von Anfang an mit den Schüler*innen besprochen werden. Zudem ist eine Kleiderordnung für Videokonferenzen ratsam, denn im privaten Umfeld achten Schüler*innen oft nicht auf ihre Kleidung. Kompetenzen und Strategien im Umgang mit digitalen Endgeräten und der schuleigenen Lernplattform sind unbedingt zu vermitteln, sonst sind die sozialen Folgen u. U. später kaum noch aufzufangen.

Kenn-/Passwörter werden häufig vergessen
Damit der Zugang zu an der Schule verwendeten (Web-) Apps (z. B. Padlet) und Lernplattformen (z. B. Logineo, IServ etc.) dauerhaft für alle sichergestellt werden kann, sollten den Schüler*innen im Präsenzunterricht auch Kompetenzen vermittelt werden, wie man eigene Pass-/Kennwörter so festlegt, dass man sich definitiv später auch wieder an diese erinnern kann. Dazu kann z. B.

ein Passwort-Bauplan dienen, der einem später bei der Rekonstruktion von Zugangswörtern hilft. Gehen diese verloren, so werden die Schüler*innen nämlich in Homeschooling-Phasen unfreiwillig rasch vom Lernprozess der gesamten Lerngruppe abgehängt und können u. U. über mehrere Tage oder Wochen hinweg nicht mehr erreicht werden, was den Lernprozess ganz zum Erliegen bringen kann und zusätzlich wie eine soziale Ausgrenzung wirkt, weil ja ggf. nur noch über den digitalen Kanal gelernt werden kann und der gesamte Informationsaustausch auf dieser Ebene basiert. Passwortkriterien helfen hierbei weiter.

Ein Beispiel zur Konstruktion sicherer Passwörter:
Passwort = Vorname des Großvaters + Geburtsjahr der Mutter + Kennziffer + Sonderzeichen (*der Klassenleitung bekannt und auf einer Liste bei dieser verbleibend*)

Bei Verlust eines Passwortes können so „nach Bauanleitungen festgelegte" Passwörter in Homeschooling-Phasen durch ein kurzes Telefonat mit der Klassenleitung wieder ins Gedächtnis gerufen werden, ohne dass der Datenschutz dabei beeinträchtigt wird.

In der dritten Welle der Corona-Pandemie saßen im Schul-Lockdown viele Lehrer*innen vor schwarzen Bildschirmen in Videokonferenzen. Schüler*innen aktivierten ihre Videokameras zu Hause gar nicht mehr, sodass man sie über die gesamte Konferenz nicht sah und bei Stummschaltung auch nicht hörte.
Damit dies in der nächsten Homeschooling-Phase nicht wieder geschieht, ist während der Präsenzphase die Beziehungsarbeit mit den Schüler*innen sehr bedeutsam. Nur wenn diese gelingt, sind Kinder und Jugendliche bereit, Gesicht zu zeigen, sofern dies ansonsten aufgrund der Wahrnehmung ihrer Persönlichkeitsrechte nicht verpflichtend von ihnen einzufordern ist.
Videokonferenzen können bereits im Präsenzunterricht (z. B. im Sommer) eingeübt werden, etwa mit Schüler*innen, die in verschiedenen Räumen der Schule sitzen. Dann kann später die Einhaltung einer zuvor festgelegten Videokonferenz-Etikette geprüft werden. Lehrer*innen und Schüler*innen sollten sich von Anfang an vertrauen können und gemeinsam positive Erfahrungen beim Lernen gemacht haben, dann kann notwendig werdender Unterricht in Form von Homeschooling ebenfalls gelingen.

Im Folgenden werden beobachtete negative soziale Folgen des Homeschoolings aufgelistet:
- Fehlende Teilnahme an Videokonferenzen und unbearbeitete Aufgaben, da der Überblick über den Lernprozess verlorengegangen ist (Gründe: zu viele Kommunikationskanäle beim Homeschooling, fehlender Zugang zur Lernplattform).
- Uneinheitlicher Umgang mit Aufgabenstellungen während des Homeschoolings durch die Lehrer*innen (z. B. wurden Bearbeitungszeiten sehr individuell festgelegt, Schüler*innen wurden mit Aufgaben überhäuft – soziale Folge waren Überlastungssituationen während des Homeschoolings).
- Absprachen zwischen Lehrkräften fehlten häufig, daher konnten Schüler*innen diese Situation z. B. beim Vorgeben von Gründen für die Nichterledigung aufgetragener Aufgaben ausnutzen – eine soziale Folge war eine Ungleichbehandlung von Schüler*innen.
- Nicht alle Schüler*innen verfüg(t)en über ein Endgerät, welches auch die komfortable Bearbeitung von Aufgaben (z. B. Texten) ermöglicht – soziale Folge war/ist eine Benachteiligung einzelner Schüler*innen.
- Manchen Schüler*innen waren die an sie gestellten Leistungsanforderungen nicht klar, Konsequenz war und ist häufig das Wiederholen eines ganzen Schuljahres.

Alternative Möglichkeiten zur Lernerfolgskontrolle
Um zu verhindern, dass die Schüler*innen im Homeschooling unzufrieden mit der Bewertung ihrer Leistungen sind, sollten die Leistungserwartungen der Fachlehrkraft den Schüler*innen bereits in der Präsenzphase vermittelt werden. Bietet sich die Gelegenheit zur Einübung der Abgabe digitaler Arbeitsergebnisse, so sollte diese bereits zu Trainingszwecken in der Phase des Präsenzunterrichts genutzt werden. Alternativen zur Lernerfolgsüberprüfung sollten auch auf Ebene von Fachschaften und Bildungsgängen in Abstimmung mit der Schulleitung im Kollegium verbindlich vereinbart werden. Eine verbindlich erteilte Erlaubnis zur Nutzung bestimmter Apps oder Plattformen zu diesem Zweck ist genauso wichtig und ratsam wie das Untersagen der Nutzung ungeeigneter Apps oder Plattformen zur Leistungsüberprüfung, damit die im jeweiligen Bundesland gültigen Vorgaben des Bildungsministeriums für die Leistungsbewertung auch eingehalten werden können.

Bei unterjähriger Aufnahme von Schüler*innen kann eine Einarbeitung in die Nutzung von Lernplattformen und an der Schule genutzter Apps kaum sichergestellt werden, da Lehrer*innen dafür nicht mehrfach im Schuljahr beliebig viel Zeit aufwenden können – die Folge ist daher leider oft eine Benachteiligung nachgerückter Schüler*innen.

Videoguides
Um den Schüler*innen, die die Einführung in die Bedienung von Apps und die Einführung in die Anwendung der Lernplattform z. B. aus Krankheitsgründen oder wegen verspäteter Einschulung verpasst haben, keine Nachteile entstehen zu lassen, können wesentliche Schritte in Form von Videoguides (Erklärvideos) zugänglich gemacht werden. Die Schüler*innen haben so wenigstens die Möglichkeit, sich die Grundlagen autodidaktisch anzueignen. Es kann sich bei den Videoguides um von Lehrer*innen der Schule erstellte Erklärfilme oder um geeignete Tutorials auf Videoplattformen (z. B. YouTube) handeln.

Manchmal war Schüler*innen auch nicht klar, was im Verlauf eines Unterrichtstages im Homeschooling von ihnen erwartet wurde. Das hatte oft zur Folge, dass wegen der Verwirrung über nicht verstandene Abläufe eine Demotivierung der Schüler*innen eintrat. Diese führte dann auch zu Absentismus im digitalen Unterricht.

Tipp: Checkliste für Schüler*innen
Eine Checkliste für den Homeschooling-Fall kann hilfreich sein. Alles, was in die Eigenverantwortung von Eltern und Schüler*innen fällt, sollte in wesentlichen Zügen auf einer solchen Checkliste festgehalten werden.

Beispiele:
Habe ich meine Aufgaben auf der Lernplattform an diesem Tag abgerufen und erledigt?
*Habe ich meine E-Mails von der Schule (z. B. von Fachlehrer*innen und Klassenlehrer*innen) gelesen und bearbeitet?*
Habe ich mein Pass-/Kennwort für alle wichtigen Apps/die Lernplattform sicher aufbewahrt und zur Hand?
Habe ich die Verhaltensregeln für Videokonferenzen gelesen?

Bei einigen Schüler*innen scheiterte das Homeschooling auch an der nicht vorhandenen Digitalkompetenz. Eine soziale Folge war wegen ausbleibender Mitarbeit eine schlechtere Bewertung ihrer Leistungen in manchen Fächern und somit eine für sie nachteilige Veränderung der Stellung in der sozialen Hierarchie ihrer Lerngruppe.

Digitales Methodentraining in den ersten Schulwochen
Um zu verhindern, dass im Falle von Homeschooling die Bildungschancen von Schüler*innen sich aufgrund fehlender Digitalkompetenzen verschlechtern, sollte im Präsenzunterricht ein digitales Methodentraining stattfinden. Viele Schulen nutzen ein solches Methodentraining bereits heute, um die Zusammenarbeit von Schüler*innen im Präsenzunterricht zu vereinheitlichen und zu verbessern. Analog eingeübte Methoden müssen also um digitale Methoden, die im Distanzunterricht zur Anwendung kommen können oder im Präsenzunterricht mit digitalen Elementen genutzt werden sollen, erweitert werden. So werden Schüler*innen nicht so leicht abgehängt.

Einige Schüler*innen fühlten sich alleingelassen beim Lernen während der Homeschooling-Phase. Eine soziale Folge war eine Entgrenzungserfahrung, da es zu belastenden Situationen durch unerledigte, aufgeschobene und unverstandene Aufgabenstellungen aus dem digitalen Unterricht kam. Andererseits stimmte einige Schüler*innen depressiv, dass der Rhythmus des Tages (Wechsel zwischen Schule und Freizeit) für sie nicht mehr erkennbar war. Manchmal fehlte den Schüler*innen auch ein Feedback der Lehrkräfte zur geleisteten Arbeit, was in der sozialen Folge die Wahrnehmung fehlender Wertschätzung darstellte.

Eigenverantwortung der Schüler*innen stärken
Die Vermittlung von Strategien wie „Lernen durch Lehren" in Präsenzphasen kann helfen, Schüler*innen auch in Distanzphasen vor Entgrenzung und vor Vereinsamungserfahrungen zu bewahren. Sie sollten es gewohnt sein, in Kleingruppen effektiv zu lernen und sich gegenseitig zu unterstützen. Dies kann dann später auch in digitalen Kleingruppen im Zuge von Videokonferenzen weitergeführt werden, in denen sich die Schüler*innen gegenseitig Lernstoff erklären und vermitteln, weil sie in Präsenzphasen bereits Kompetenzen dafür erworben haben.

11 Anwesenheiten und Fehlzeiten

Sehr schwierig festzustellen ist im digitalen Unterricht die Anwesenheit (Fehlzeit) der Schüler*innen. Vor allem bei asynchronen Lehr-Lernarrangements lässt sich nur anhand von Leistungsüberprüfungen und eingeforderten Ergebnissen überprüfen, ob z. B. eine aktive Teilnahme an einer Videokonferenz erfolgt ist. Manche Schüler*innen absolvierten während der Unterrichtszeit Arztbesuche oder nahmen andere private Termine wahr, während sie bei Videokonferenzen „eingeloggt" angezeigt wurden. Oftmals blickten Lehrer*innen und Schüler*innen auf „schwarze Bildschirme" bzw. es wurde während der Videokonferenz von der Möglichkeit des Einschaltens einer Webcam (Webkamera) gar kein Gebrauch gemacht. Teilweise wurde die Anwesenheit auch nur „vorgegeben".
An dieser Stelle soll erwähnt werden, dass auch Lehrer*innen die Zeit des digitalen Unterrichts während der Lockdowns sehr unterschiedlich gestaltet haben. Nicht jede*r Lehrer*in hat auch tatsächlich Videokonferenzen angeboten und durchgeführt; gerade in den ersten Lockdowns waren die dafür notwendigen digitalen Kompetenzen auch gar nicht immer vorhanden.
Einige Bundesländer haben deswegen einen klaren Rahmen definiert, der die Medienkompetenzen, die von Lehrer*innen erwartet werden, umfassend beschreibt:

Medien-/Digitalkompetenz der Lehrer*innen
Lehrer*innen sollten gezielt digitale Kompetenzen ausbauen und sich dafür auch künftig weiterbilden. Dies kann autodidaktisch, aber auch durch gezielte Teilnahme an Fortbildungen und Inhouse-Schulungen innerhalb der Schulen stattfinden.

Orientierungsrahmen für die Lehrerausbildung und Lehrerfortbildung in NRW (Lehrkräfte in der digitalisierten Welt): *https://www.schulministerium.nrw/system/files/media/document/file/lehrkraefte_orientierungsrahmen_2020_a4_v03.pdf* (zuletzt geprüft am 10.10.2022).

An vielen Schulen musste die Anwesenheit der Schüler*innen mühselig in herkömmlichen Klassenbüchern nachgetragen werden. Dazu wurden eigene Dokumentationsbögen entwickelt, deren Ausfüllen und Zusammenstellung Präsenzaufenthalte der Lehrkräfte auch während der Lockdown-Phasen erforderlich machte. Im Zuge der Digitalisierung setzen Schulen heute auf flexiblere Dokumentation von Anwesenheiten.
Beispielsweise wird in vielen Kollegien inzwischen völlig ohne Papier mit WebUntis (*https://webuntis.com/*, zuletzt geprüft am 10.10.2022) gearbeitet, einer Plattform, mit der sich folgende Aspekte zusammenführen lassen, die weit über Klassenbuchführung hinausgehen:
- Stundenplan für Schüler*innen und Lehrer*innen
- Vertretungsregelungen und Stundenplanänderungen in Echtzeit

- Erfassung von Anwesenheiten und Abwesenheiten von Schüler*innen mithilfe eines digitalen Klassenbuchs, das sich z. B. via App auf dem Smartphone öffnen und bearbeiten lässt (andere Endgeräte sind ebenfalls nutzbar)
- Verwaltung und Ausleihe von digitalen Präsenzmedien (Ausleihe von digitalen Tafeln, Notebookwagen, Dokumentenkameras etc.)
- Buchung von Zugangsberechtigungen zu Räumen
- Verwaltung von Raumänderungen (in Echtzeit)
- Verwaltung aktuell relevanter personenbezogener Daten (z. B. Impfstatus)
- Einsicht von unentschuldigten Fehlzeiten durch Schüler*innen (nur die eigenen) und Lehrer*innen

---

Klassenbuch, Medienverwaltung, Raumverwaltung, Stunden- und Vertretungsplan – digital

Die digitale Klassenbuchführung hat, wenn dem keine technischen Probleme entgegenstehen, große Vorteile. Zum Beispiel können Lehrer*innen und Schüler*innen kurzfristige Vertretungsänderungen bereits zu Hause einsehen und niemand muss mehr vergeblich in der Schule auf erkrankte Lehrer*innen warten. Klassenbücher können nicht mehr einfach verschwinden bzw. gestohlen werden; so kann der Verlust von Verwaltungsdokumenten in Zukunft verhindert werden. Auch das Nachtragen fehlender Einträge wird automatisch vom digitalen Klassenbuch gefordert. Klassenleiter*innen müssen also den Eintragungen von Kolleg*innen nicht mehr hinterherlaufen, falls diese vergessen wurden.
Das digitale Klassenbuch fordert daher mehr Eigenverantwortung ein. Auch Schüler*innen können ihre Fehlzeiten jederzeit einsehen und sind aufgefordert, Entschuldigungen für verpasste Stunden ggf. eigenständig nachzureichen.
Digitale Klassenbücher/Stundenpläne u. Ä. sind kostenpflichtige Dienstleistungen, für die jährliche Gebühren anfallen.

Link zu WebUntis (Beispiel):
https://webuntis.com/ (zuletzt geprüft am 10.10.2022)

Gegen Ende der Lockdowns war in der Distanzlernphase stets ein drastischer Verlust der Motivation der Schüler*innen erkennbar. Dies äußerte sich u. a. in einem massiv auftretenden Absentismus. Das Lernen zu Hause war für viele Schüler*innen wie die Teilnahme an einem Studium oder am Unterricht einer Fernuniversität. Es setzte große Selbstständigkeit, Selbstdisziplin und intrinsische Motivation voraus, die aber oft nicht vorhanden waren. Somit wurde manche*r Schüler*in nicht oder allmählich nicht mehr vom Distanzunterricht erreicht. Dabei begünstigten unregelmäßige Tagesabläufe, unregelmäßige Essens- und Schlafenszeiten u. Ä. das Wegbrechen einzelner Schüler*innen. Umso wichtiger ist es, dass Klassenleitungen sich während der Phasen des digitalen Unterrichts bemühen, Ursachen für eine auftretende Abstinenz zu ermitteln. Die pädagogische Pflege der Sozialkontakte der Schüler*innen einer Klassengemeinschaft muss dann z. B. durch Anrufe in den Familien oder ggf. auch durch Hausbesuche (soweit pandemisch möglich) aufrechterhalten werden. Vor allem bildungsferne Schichten werden durch einen Distanzunterricht exkludiert, der auf die Besonderheiten bestimmter sozialer Milieus keine Rücksicht nimmt. Insbesondere Förderschulen haben hierbei erfahren müssen, dass ein Präsenzunterricht in vielen Fällen gar nicht durch einen digitalen Unterricht ersetzt werden kann und auch nicht ersetzt werden sollte. Für manche Schulformen und bei günstigem Einzugsgebiet der Schule kann es auch ausreichen, z. B. per E-Mail oder Messenger mit den Eltern und Schüler*innen bezüglich hoher Fehlzeiten Kontakt aufzunehmen. Für solche Zwecke sollten Lehrer*innen dienstliche E-Mail-Accounts besitzen.

Ist das digitale Angebot ggf. nicht ansprechend, muss evtl. auch nachgebessert werden, indem die Auswahl an digitalen Aktivitäten abwechslungsreicher oder kurzweiliger gestaltet wird (Aufgabe für das gesamte Kollegium oder die Fachlehrer*innen einer Klasse). Der Überblick über die Fülle gestellter Aufgaben und über die Erwartungen, die an die Schüler*innen insgesamt gestellt werden, darf nicht verlorengehen. Klassenleitungen sollten digital dokumentierte Übersichten führen, in denen Aufgabenstellungen und die Frequenz der digitalen Angebote schriftlich festgehalten werden. So können Überlastungssituationen für die Schüler*innen durch überbordende Aufgabenfluten, die über sie hereinschwappen, vermieden werden. Letzteres kann auch einem resignativen Absentismus der Schüler*innen vorbeugen.

12 Unterrichten digital abgeschlagener Kinder und Jugendlicher

Steht eine akzeptable technische Ausstattung an einer Schule zur Verfügung, so kann im Präsenzunterricht durch Bereitstellung von Geräten aus dem Bestand oder von Leihgeräten sichergestellt werden, dass digital abgeschlagene Kinder und Jugendliche in gleicher Weise Digitalkompetenzen erwerben können wie ihre Mitschüler*innen, die über alle Möglichkeiten auch zu Hause verfügen.

Dennoch zeigt die Unterrichtspraxis, dass ein guter Umgang von Schüler*innen mit neuen Medien maßgeblich auch dadurch bestimmt wird, ob Eltern und das weitere Umfeld der Jugendlichen sie in einem verantwortungsbewussten Umgang mit den Medien fördern. Dazu gehören auch bewusst gesetzte Grenzen, die Eltern gegenüber ihren Kindern klar kommunizieren und durchsetzen.
Online-Spiele etwa ziehen Kinder und Jugendliche in ihren Bann. Ein großer Teil des Soziallebens Heranwachsender findet heute bereits online statt. Man trifft sich nachmittags im Internet zum Spielen auf den Plattformen großer Online-Spieleanbieter und kommuniziert z. B. via Chat oder Headset. So wird gemeinsam Zeit verbracht. Dabei gerät schnell aus dem Blick, dass der Spielespaß oft mehrere Stunden andauern kann, was die „Medienzeit“ von Kindern und Jugendlichen ausufern lässt. Häufige Folgen sind dann Bewegungsmangel, soziale Störungen und Realitätsverlust, um nur einige negative Aspekte zu nennen, die einer gesunden Entwicklung von Kindern und Jugendlichen entgegenstehen können. Ein guter Umgang mit den Medien setzt eben auch voraus, dass für eine „normale“ Entwicklung anderer Kompetenzen (u. a. Sozialkompetenzen in der Face-to-Face-Variante) genug Zeit bleibt und diese auch von Kindern und Jugendlichen tatsächlich genutzt wird, um einen Ausgleich zum Medienkonsum zu schaffen. Gesundheitliche Folgen einer exzessiven Mediennutzung können neben Übergewicht auch eine leichte Reizbarkeit, Depressionen oder Schäden am Haltungsapparat sein.

Gerade im digitalen Unterricht sind daher, vor allem wenn dieser im Homeoffice stattfinden muss, Bewegungspausen für Kinder und Jugendliche sehr wichtig. Diese können von Lehrer*innen ganz bewusst initiiert werden. Anleitungen dazu findet man z. B. in zahlreichen YouTube-Videos. Die Begrenzung der Medienzeit setzt jedoch voraus, dass Eltern die Bereitschaft zu konfliktreichen Gesprächen mit ihren Kindern beibehalten, da die Schule diesen Part nicht zu Hause übernehmen kann. Besonders herausfordernd ist dabei, dass Medienkonsum auch noch bei Freund*innen stattfinden kann, was sich der elterlichen Kontrolle oft entzieht. Schulen können aber Elternveranstaltungen anbieten und Informationsmaterialien für bewussten Medienkonsum für die Eltern bereitstellen, damit die Medienzeit der Schüler*innen begrenzt werden kann. Die Kooperationsbereitschaft des Elternhauses ist für dieses Ziel unbedingte Voraussetzung.

Bewegungsmangel der Kinder während einer Videokonferenz ausgleichen
Besonders Kinder brauchen Bewegung und sollten während des digitalen Unterrichts dazu angehalten werden, Bewegungspausen zu machen. Bewegungsspiele können von Lehrer*innen bewusst initiiert werden. Dies kann beispielsweise erfolgen, indem Gegenstände im Haus gesucht werden. Aufforderungen wie „Zeigt bitte einmal euer Lieblingsstofftier!" oder „Holt bitte einmal euer Lieblingsspielzeug und zeigt es den anderen!", sorgen dafür, dass die Kinder den Platz vor dem Tablet oder dem Laptop verlassen und sich aktiv durch den Raum bewegen. Dies wird in dieser Form allerdings eher mit Grundschulkindern gelingen und sollte in Variation immer wieder eingebracht werden. Ist z. B. die Aufgabe im Deutschunterricht, eine Personenbeschreibung anzufertigen, so können die Kinder aufgefordert werden, sich Accessoires von der Garderobe zu holen (Hüte, Jacken, Schals etc.), sodass je nach Unterrichtsgegenstand Gelegenheiten zum Ausgleich des Bewegungsmangels im digitalen Unterricht geschaffen werden können. Es gibt aber eine Vielzahl weiterer Möglichkeiten für Schüler*innen unterschiedlichster Altersstufen. Die unten aufgeführten Online-Quellen helfen dabei, fündig zu werden:
http://www.bewegungskompetenzen.at/
https://www.simplystrong.at/
https://medien.ph-noe.ac.at/engage/ui/index.html?q=Bewegung
https://www.youtube.com/playlist?list=PLbTKsygJQM52ToRAdZycaC_rzxbRdMr0Z
(alle geprüft am 10.10.2022).

Kommt es zu längeren Phasen des digitalen Unterrichts, so wie er in der Zeit der Corona-Lockdowns üblich war oder wie er z. B. während einer Quarantäne auch noch künftig auftreten kann, so sollten unbedingt Anregungen für sinnvolle Aktivitäten zu Hause von den Lehrer*innen gegeben werden. Der Tristesse und Einsamkeit in der heimischen Umgebung sollte unbedingt etwas entgegengesetzt werden, da sonst Deprivation und soziale Degeneration drohen. Jugendliche und Kinder brauchen einander, werden sie davon abgehalten, sich zu treffen und miteinander in Kontakt zu kommen, so entstehen – wie man seit langem weiß – soziale Schäden, die sich später nur schwer oder gar nicht beheben lassen.

Aktivitäten zum Ausgleich in Lockdown-Phasen oder während einer Quarantäne
Der unten genannte Link bietet viele Tipps und Hinweise, wie (zwangsweise) zu Hause verbrachte Zeit sinnvoll gestaltet werden kann. Auch wenn Corona-Maßnahmen vollumfänglich wohl voraussichtlich nicht wieder zum Einsatz kommen werden, so sind Phasen von Quarantäne z. B. bei einer Maserninfektion oder bei Corona-Infektionen in Zukunft durchaus weiterhin realistisch. Unter den auf der genannten Seite angegebenen Links finden sich Ideen für die Freizeitgestaltung und zur Bekämpfung von Langeweile während einer längeren Online-Phase, wie sie z. B. während eines Lockdowns auftreten kann. Darüber hinaus finden sich auf den Seiten auch allgemeine Hinweise zur Mediennutzung:

https://www.ins-netz-gehen.de/corona/corona-alternative-beschaeftigungsideen-fuer-zuhause/ (zuletzt geprüft am 10.10.2022).

13 Schüler*innenmotivation und besondere Formate digitalen Unterrichts

Besondere Formate helfen dabei, digitalen Unterricht produktiver zu gestalten.
Diese Prinzipien machen digitalen Unterricht besonders bzw. stellen ein besonderes Format dar:

- Schüler*innenaktivierung (Schüler*innen sollten im digitalen Unterricht so wenig wie möglich passiv bleiben, Austauschrunden und eine gute Rückmeldekultur helfen dabei)
- Meldeketten und Feedback erhalten den digitalen Unterricht lebendig (schaffen Sie möglichst eine Atmosphäre, in der die Schüler*innen auf die Beiträge anderer reagieren müssen)
- Nutzen Sie bei Videokonferenzen Breakout-Rooms, um Kleingruppen in einem geschützten Raum Austausch zu ermöglichen; so erhöhen Sie die Beteiligung
- Lassen Sie Inhalte von Schüler*innen erarbeiten und präsentieren (dies spart Vorbereitungszeit und sorgt dafür, dass der digitale Unterricht Raum für Kreativität lässt)
- Verknüpfen Sie Online-Aktivitäten gezielt mit Aktivitäten in der realen Welt (lassen Sie z. B. im Biologie-Online-Unterricht Schüler*innen ergänzend zum Unterricht Beobachtungen von Tieren im Wald machen)
- Wechseln Sie das Lehr-Lern-Arrangement (führen Sie z. B. in den Naturwissenschaften Experimente durch oder suchen Sie nach ungefährlichen Experimenten, die Schüler*innen zu Hause durchführen können)
- Achten Sie auf wechselnde Beanspruchung – nicht jede Aufgabe sollte vor dem Bildschirm erledigt werden müssen. Geben Sie bewusst Aufgaben, die Bewegung in das Leben Ihrer Schüler*innen bringen (werden Sie hier kreativ)
- Unterschätzen Sie nicht die Monotonie Ihres digitalen Unterrichts. Laden Sie z. B. Expert*innen in Ihren Videounterricht ein bzw. schalten Sie diese dazu, damit der Unterricht abwechslungsreicher wird (Sprecher*innenwechsel, Stimmwechsel etc.). Solche Phasen können auch kurz sein und nur wenige Minuten andauern
- Werden Sie bei Aufgaben kreativ, lassen Sie auch haptische Prozesse in Erarbeitungsphasen zu, die später erst wieder in digitale Formate münden (führen Sie z. B. in Politik ein Kunstprojekt durch, welches ein bestimmtes gesellschaftliches Problem zum Ausdruck bringt). Fördern Sie dabei die Kreativität Ihrer Schüler*innen ganz bewusst, indem sie zu Hause im Rahmen des digitalen Unterrichts basteln, kleben, malen und gestalten müssen. Dies bringt Ihre Schüler*innen auch einmal weg vom Laptop oder dem Tablet. Die Ergebnispräsentation kann dann später wieder im digitalen Format (z. B. durch Abfilmen oder Fotografieren des Lernproduktes) erfolgen

- Experimentieren Sie mit außergewöhnlichen Formaten: Virtuelle Realität oder z. B. 360°-Lernumgebungen können Abwechslung in den Lernalltag von Schüler*innen bringen. Dies ist z. B. mit CoSpaces möglich (*https://cospaces.io/edu/*, zuletzt geprüft am 10.10.2022)
- Lassen Sie Ihre Schüler*innen selbst Videos drehen (z. B. Lernvideos, Tutorials), die später gemeinsam mit der Lerngruppe angeschaut werden können. Fördern Sie dabei kreative Umsetzungen und gute Ideen durch positive Rückmeldungen. Vor der gemeinsamen Begutachtung sollten Sie solche Lernprodukte immer auf Online-Tauglichkeit überprüfen

Wichtig für eine erfolgreiche Teilnahme am digitalen Unterricht ist Motivation. Gerade weil in Distanzphasen der Einfluss von Lehrer*innen begrenzt ist, sollten Schüler*innen gezielt lernen, sich selbst für den Unterricht motivieren zu können. Dabei ist der Aspekt gelungener Kommunikation mit den Lehrer*innen nicht zu unterschätzen. Viele Schüler*innen berichten davon, dass Lehrer*innen während des Lockdowns zum Teil auf ihre E-Mails gar nicht reagiert haben. Gemachte Aufgaben wurden nicht angesehen oder es fehlte ein angemessenes Feedback bzw. eine bestärkende Rückmeldung der Lehrkräfte. Diese waren häufig mit der Aufgabe der Fern-Motivierung ihrer Schüler*innen überlastet und machten umgekehrt die Erfahrung, dass Kommunikationsversuche mit den Kindern und Jugendlichen oder deren Eltern nicht immer gelangen.
Kommunikation wird nur dann als gelungen empfunden, wenn der*die Empfänger*in auch möglichst zeitnah auf die Nachricht eines*einer Senders*Senderin reagiert. Die Anforderung, die dabei an Lehrer*innen entstand, führte zur Wahrnehmung einer Entgrenzung. Auch die Motivation der Lehrenden hat dabei gelitten. Berufliches und Privates vermischte sich sehr stark, da man kaum noch ein Ende des Arbeitstages empfinden konnte. Ständig kamen neue E-Mails und neue Messenger-Nachrichten, deren Absender*innen wie selbstverständlich eine sofortige Reaktion erwarteten. Das Format „Lehrer*in sein ist ein 24/7-Job“ forderte dabei einiges von den Betroffenen, manche Lehrkraft haderte danach mit der Berufswahlentscheidung.
Es ist sekundär, ob der Austausch nun per Telefon, Messenger, E-Mail oder via Videokonferenz erfolgen soll: Für eine gelungene Kommunikation, die also für die Motivation der Schüler*innen eine wichtige Voraussetzung ist, muss diese maßvoll erfolgen. Wenn man sich vor Augen führt, dass Schüler*innen mit Aufgaben und Arbeitsanweisungen während der Pandemie-Lockdown-Phasen teilweise überschüttet wurden, verwundert es nicht, dass Überforderungssituationen auf beiden Seiten – auf Lehrer*innen- und auf Schüler*innen-Seite – entstanden sind. Die einen kamen beim Erledigen der Aufgaben des digitalen Unterrichts kaum hinterher, während die anderen diese kaum noch korrigieren und beurteilen konnten. Die dabei gemachten Erfahrungen haben Unzufriedenheit auf allen Seiten hinterlassen.
Auch Mischformen aus Online- und Präsenzunterricht lösen dieses Problem nicht. Der sogenannte Wechselunterricht, bei dem kleinere Teilgruppen unterrichtet wurden, brachte ebenfalls einen Mehraufwand mit sich, der für Lehrende und Lernende kaum zu bewältigen war.

Es lohnt sich also, metakommunikative Phasen zu schaffen (z. B. in Videokonferenzen), in denen die Befindlichkeiten aller auch gehört und in den Fokus gerückt werden. Für die Motivation im digitalen Unterricht ist neben Abwechslung bei der Auswahl der Apps und Tools für den Unterricht auch bedeutsam, dass ein empathischer Umgang mit den Teilnehmer*innen gepflegt wird. Dies schließt das Einfordern von Leistung der Schüler*innen überhaupt nicht aus. Wenn beide Seiten, Lehrer*innen und Schüler*innen, sich über die Machbarkeit und über die aktuelle Lage im Klaren sind, kann auch im digitalen Unterricht eine Verbindlichkeit zur Erledigung von Aufgaben durch die Schüler*innen erreicht werden. Diesen kann so auch vermittelt werden, dass ihre Arbeit gesehen und wertgeschätzt wird. Nicht immer ist dafür auch eine schriftliche Rückmeldung, z. B. über eine Lernplattform, nötig. Dies wurde in der Praxis des Präsenzunterrichtes in Vor-Corona-Zeiten übrigens auch nicht bei jeder Hausaufgabe oder gemachten Aufgabe von Lehrer*innen geleistet und wurde von Eltern und Schüler*innen auch nicht erwartet.

Eine Schule ist also gut beraten, für die Online-Kommunikation Spielregeln aufzustellen. Uhrzeiten, zu denen Nachrichten nur in absoluten Ausnahmefällen zwischen den am Schulleben Beteiligten verschickt werden sollten, gehören dazu. Einige Mailprogramme in Lernplattformen lassen auch eine Konfiguration zu, die Uhrzeiten definiert, zu denen keine Nachrichten oder neue Aufgabenstellungen weitergeleitet werden – in Unternehmen ist dies übrigens bereits gängige Praxis. So kann einer Entgrenzungserfahrung sowohl bei den Schüler*innen wie auch bei den Lehrer*innen entgegengewirkt werden, Freizeit bleibt als solche erkennbar und erlebbar. Phasen der Erholung sind für die Erhaltung der Lernmotivation zwingend erforderlich. Lernen gelingt nämlich mit Muße und Ruhe am besten, wie man bereits sehr lange weiß. Eine permanente „Druckbetankung" der Schüler*innen mit Unterrichtsinhalten, so wie es aktuell durch überfüllte Lehrpläne immer noch üblich ist, ist im Übrigen auch nicht nachhaltig, das Gelernte wird beim „Bulimielernen" nach Leistungsüberprüfungen nämlich sehr schnell wieder den Kopf verlassen bzw. vergessen werden.

Auch eine „warme Dusche" kann online Wunder wirken: Lassen Sie die Kinder oder Teenager nach gelungenen Beiträgen ihrer Mitschüler*innen in Videokonferenzen applaudieren. Das motiviert die Schüler*innen dazu, weiterhin gut mitzuarbeiten.

14 Online im Team unterrichten

Teamteaching im digitalen Unterricht bietet große Vorteile, setzt aber auch eine gute Abstimmung zwischen Kolleg*innen voraus, die den Unterricht gemeinsam vorbereiten und durchführen wollen.
Während Plattformen wie Microsoft Teams eine gute Klammer zu Office-Anwendungen bieten und auch kollaboratives Arbeiten von Lehrkräften an Dokumenten (z. B. Arbeitsblättern, Aufgaben, Arbeitsaufträgen) ermöglichen, sind heute auch pädagogische Cloud-Dienste in der Lage, solche kollaborativen Phasen zu ermöglichen.

Der pädagogische Austausch in Präsenz erfordert oft das Warten aufeinander. Die eine Kollegin ist noch im Unterricht, der andere Kollege muss auf den Unterrichtsschluss der Kollegin warten, damit die Vorbereitung beginnen kann. Digitaler oder aber auch einfach telefonischer Austausch ermöglicht die Vermeidung „toter Wartezeit" an der Schule, die nicht sinnvoll (z. B. durch Erledigungen vor Ort oder durch Korrekturen o. Ä.) genutzt werden kann. So kann bis zum nächsten digitalen Arbeitstreffen auch Qualitätszeit mit Partner*innen oder der Familie verbracht werden, Erledigungen im Haushalt können zu Hause bewerkstelligt werden, bis der nächste Termin mit Kolleg*innen zur Vorbereitung des Teamteachings ansteht. Austauschmöglichkeiten bieten Videokonferenzen, aber auch Ordnerstrukturen für das kollaborative Arbeiten, die unmittelbar in der pädagogischen Cloud gemeinsam genutzt werden können.

Plattformen wie Logineo bieten einen Datensafe, in dem selbst sensible Verwaltungsdaten von Kolleg*innen füreinander freigegeben werden können. Aber auch der pädagogische Austausch zu schulrelevanten Themen kann im Team über eine pädagogische Cloud organisiert werden. So können z. B. Arbeitspläne gemeinsam ausgefüllt werden oder ein Antragsformular kann gemeinsam bearbeitet werden. Dafür, und für vergleichbare Anforderungen, sollte die Schule in einer Ordnerstruktur Vorlagen und Materialien bereithalten, die benötigt werden. Eine Ordnerstruktur muss sich bewähren und in den folgenden Schuljahren ggf. angepasst bzw. modifiziert werden.

Austausch in der pädagogischen Cloud erleichtert das Teamteaching – Beispielhaftes Hauptverzeichnis einer pädagogischen Cloud

Hauptverzeichnis „Lehrer*innen“ in der Cloud

- Ablage
- Anleitungen zu digitalen Medien und Plattformen
- Arbeitspläne/Curricula
- Arbeitsschutz, Gesundheit und Sicherheit
- Beratung
- Bewegungsförderung
- Bilder aktueller Schulprojekte
- Corona
- Dienstbesprechungen
- Digitale Endgeräte
- Dokumentation des Distanzunterrichts
- Einschulung und Klassenleitung
- Formulare
- Gewaltprävention
- Individuelle Förderung
- Inklusion
- Klassenfahrten
- Konferenzprotokolle
- Konzepte
- Krankmeldung
- Leistungsbewertung
- Material-Pool zum Austausch
- Methodentraining
- Nachhaltigkeit, Umgang mit Ressourcen
- Projektwoche
- Schulentwicklung
- Schulfeiern
- Schüler*innenvertretung
- Sonderurlaub
- Sportfest
- Sprachsensible Schule
- Stundenplan, Aufsichts- und Raumorganisation
- Vandalismusprävention

So oder so ähnlich könnte ein Hauptverzeichnis einer pädagogischen Cloud aussehen. Natürlich können Sie die Ordnerstruktur beliebig an die Anforderungen Ihrer Schule anpassen. Für die Schüler*innen sollten Ordner für die jeweilige Klasse angelegt werden, in denen die Unterrichtsfächer zu finden sind. Dazu sollte der Name der Fachkolleg*innen vermerkt werden. In den Fachordnern können wiederum Unterverzeichnisse mit Unterrichtsthemen/-vorhaben stehen. Hier kann die Unterteilung den Kolleg*innen überlassen werden, während die Hauptstruktur von der Schulleitung vorgegeben wird:

- Klasse 1a
  - Deutsch, Herr Schlechter
  - Mathematik, Frau Mayer
  - Englisch, Frau Müller
  - […]
- Klasse 1b
- Klasse 2a
- Klasse 2b
- Klasse 3a
- Klasse 3b
- Klasse 4a
- Klasse 4c

Bereits während der Vorbereitung des Unterrichts kann gemeinsam Aufgaben- und Arbeitsmaterial von mehreren Lehrer*innen ausgetauscht werden. Auch ist der Austausch mit Fachkolleg*innen an der Schule möglich. Erweitert man hier den Blick auf die Möglichkeiten, so wäre sogar ein schulübergreifender Austausch gar kein Problem mehr. Diese Kooperation von Schulen untereinander würde die Vorbereitung von Unterricht weiter erheblich verbessern und erleichtern.
Teamteaching im digitalen Unterricht einer bestimmten Schule ermöglicht zudem, dass der sogenannte „Host" und damit die Moderationsrechte während einer Videokonferenz übergeben werden können. Dies ist auch übergangsweise möglich. Somit können Teile des Unterrichts z. B. in einer Zoom-Konferenz, auf der Videokonferenz-Plattform in IServ oder in Microsoft Teams nacheinander (seriell) stattfinden. Für die Schüler*innen ist ein Sprecher*innenwechsel bzw. Wechsel des*der Moderators*Moderatorin in jedem Fall kurzweiliger. In einer dynamischen Moderation können sich die Online-Moderator*innen bzw. Lehrer*innen auch gegenseitig „die Bälle zuwerfen", indem z. B. eine Co-Moderation während des Unterrichts umgesetzt wird. Auch administrative Tätigkeiten (Feststellung der Teilnehmer*innenzahl, Hilfe bei technischen Problemen mit Bild und Ton) und unterrichtliche Tätigkeiten können vorher in Form einer Aufgabenverteilung voneinander separiert werden, was sich im digitalen Unterricht als entlastend erweisen kann.

Besonders günstig ist die Betreuung einzelner Schüler*innen-Gruppen in sogenannten Breakout-Rooms während einer Videokonferenz-Gruppenphase, die im Teamteaching mit zwei Lehrer*innen sicherlich besser bewerkstelligt werden kann. So kann der digitale Unterricht von mehr Personal ebenso profitieren wie der Präsenzunterricht, bei dem die Teilung von Lerngruppen ja bereits seit längerem als sinnvoll und üblich angesehen wird, um individuelle Förderung umsetzen zu können.

Gemeinsame Erarbeitung und Diskussion

15 10 kurze Fragen als Diskussionsanregung

- Denken Sie an die Einführung neuer Medien an Ihrer Schule – was sind die Vor-, was die Nachteile?
- Passt digitaler Unterricht in Ihr schuleigenes Medienkonzept? Müssen Sie dieses anpassen oder in eine andere Richtung denken, damit Sie sich im Rahmen des Medienkonzepts bewegen?
- Müssen Sie ein neues Datenschutzkonzept erarbeiten oder haben Sie an Ihrer Schule bereits ein bestehendes? Ist der Einsatz der gewählten Endgeräte mit dem Datenschutzkonzept vereinbar?
- Wie wollen Sie bei der Einführung neuer Medien und auf dem (weiteren) Weg zur digitalen Schule begleitet werden? Streben Sie eine interne und/oder externe Betreuung an?
- Welche Veränderungen sind an Ihrer Schule nötig?
- Wie verändert digitales Arbeiten Ihre Rolle als Lehrkraft? Benötigen Sie Schulungen und Fortbildungen, damit Sie die neuen Herausforderungen bewältigen können? Was möchten Sie über den digitalen Unterricht an anderen Schulen noch herausfinden?
- Wie möchten Sie selbst zukünftig gern mit digitalen Geräten arbeiten?
- Wie möchten die Schüler*innen gern damit arbeiten?
- In welcher vorgestellten Phase des Unterrichts oder in welchem Fach könnten Sie sich die Arbeit mit digitalen Medien gut vorstellen?
- Welche Lehr- und Lernziele können mit dem digitalen Unterricht erreicht werden, welche Kompetenzen können geschult werden?

To-do-Liste

16 Checkliste: Hospitation an anderen Schulen

Für die Vorbereitung und Umsetzung digitalen Unterrichts ist es hilfreich, im Vorfeld bereits an Schulen zu hospitieren, die schon ein funktionierendes Konzept für diese Art von Unterricht erarbeitet und in Verwendung haben. So können Regelungen für die eigene Schule besser geplant werden.
Zu einer solchen Hospitation kann auch die folgende Checkliste mitgenommen werden.

❒	Wie arbeiten Ihr*e Kolleg*innen und das Schulleitungsteam an der Besuchsschule?
❒	Welche technischen Geräte haben die Kolleg*innen an der Besuchsschule im Einsatz? Wie bewerten Sie deren Nutzen und deren motivierende Eigenschaften?
❒	Welche Arbeitsweisen und Richtlinien finden Sie interessant und würden Sie gern für Ihre Schule übernehmen?
❒	Gibt es bestimmte Modelle, nach denen die Schule arbeitet?
❒	Erkennen Sie besondere (digitale) Kompetenzen der Kolleg*innen, die Sie selbst gern erwerben möchten?
❒	Mit welchen (digitalen) Inhalten ist der Unterricht gestaltet (z. B. Apps, Tools, Videos etc.)? Sind diese datenschutzkonform?
❒	Welche Auswirkungen hat der Umgang mit digitalen Medien und Inhalten auf das Arbeitsverhalten der Schüler*innen?
❒	Gibt es an der Schule interessante Fortbildungsangebote, die Sie auch für Ihre Schule hilfreich fänden?
❒	Stellen Sie Probleme fest, die sich aus dem Arbeiten mit digitalen Geräten und Unterrichtsformen ergeben? Welche Schlüsse ziehen Sie daraus für Ihre Schule?

17 Checkliste: Vorbereitung der Mikrofortbildung

Diese Punkte informieren Sie über das Format der Mikrofortbildung und unterstützen Sie bei der Durchführung einer Veranstaltung zum Thema „Digitale Unterrichtsvorbereitung".

Was ist eine Mikrofortbildung?

Eine Mikrofortbildung ist eine kurze und knackige Weiterbildung im Team, die Themen behandelt, die dem Kollegium und der Schulgemeinde gerade auf den Nägeln brennen. Sie kann regelmäßig durchgeführt werden und hat in der Regel unterschiedliche Referent*innen aus dem Team.

Wer organisiert eine Mikrofortbildung?

Es bietet sich an, ein kleines Organisationsteam zu gründen, welches die Planung und Themenauswahl steuert. Themen können aus dieser Gruppe, aus der Schulleitung und dem Kollegium kommen. Die Themen und Veranstaltungsdaten sollten rechtzeitig gesammelt, geplant und bekanntgegeben werden, damit möglichst viele Teammitglieder teilnehmen können.

Wer führt eine Mikrofortbildung durch?

Der*Die Referent*in aus dem Team sollte im entsprechenden Thema kompetent sein und alle Fragen des Teams gut beantworten können. Auch Kolleg*innen, die eine externe Veranstaltung besucht haben, können über das Thema referieren. Der*Die Referentin sollte das Kollegium mitnehmen und für etwas begeistern können.

Welches Konzept hat eine Mikrofortbildung?

Fortbildungen können in der Mittagspause des Ganztags, nach dem Unterricht, vor oder nach einer Konferenz oder als kleine Häppchen zwischendurch angeboten werden. Eine Mikrofortbildung sollte nicht länger als maximal 45 Minuten dauern, es kann ergänzend eine kleine Diskussionszeit von 15 Minuten eingeplant werden. Eine Mikrofortbildung kann (muss aber nicht) immer den gleichen Aufbau besitzen, z. B. Begrüßung, Einführung in die Mikrofortbildung, das Thema an unserer Schule, das Thema in unserem Unterricht, Phase der gemeinsamen Erarbeitung und Zusammenfassung, Ausblick und Fragen.
Jede*r Referent*in sollte ein Handout (1 bis 2 Seiten DIN A4) vorbereiten und dieses im Intranet der Schule ablegen, sodass es der Nachbereitung dienen kann.

Wie wird diese honoriert?

Ist eine Lehrkraft nur einmal als Referent*in tätig, so kann dies unter „Organisationsaufgaben" fallen und nicht extra entlohnt werden.
Tritt jedoch eine Lehrkraft häufiger als Referent*in auf, dann sollte mit der Schulleitung darüber gesprochen werden, ob diese Lehrkraft eine besondere Bescheinigung für ihre Personalakte/ihr Portfolio erhält. Auch über Anrechnungsstunden kann in einem solchen Fall gesprochen werden; die Lehrkraft erhält eine Reduzierung der Unterrichtsstunden und führt stattdessen Fortbildungen im Team durch.

Gibt es eine Teilnahmebestätigung für die Besuchenden?

Die Lehrkräfte werden sich wahrscheinlich Teilnahmebestätigungen wünschen. Wie Sie damit umgehen, sollten Sie im Team besprechen. Prüfen Sie hierzu auch Ihr schuleigenes Fortbildungskonzept.

Nachbereitung und Evaluation

Als Nachbereitung hat sich eine Zusammenfassung des Themas am Ende der Veranstaltung mit Hinweis auf das Handout bewährt. Auch ein Protokoll kann abwechselnd geführt und abgelegt werden. In regelmäßigen Abständen sollte darüber reflektiert werden, ob die Angebote noch sinnvoll sind, wie sie verbessert oder angepasst werden können.

Ablauf der Mikrofortbildung

Stellen Sie sich aus den Inhalten der einzelnen Kapitel Ihre individuelle Fortbildung zusammen. Wählen Sie hierfür aus, welche Aspekte rund um das Thema „Digitalisierung“ für Ihre Schule besonders interessant sind. Auch die Dauer der Veranstaltung können Sie natürlich anpassen, es handelt sich um Richtwerte.

Phase	Dauer	Buch	Video
Begrüßung der Teilnehmenden	5 Minuten		1
Einführung in die Mikrofortbildung	10 Minuten	Einführung in die Mikrofortbildung Wichtige Hintergründe zum Thema S. 4 bis S. 18	1–6
Das Thema für den*die Schulleiter*in	10 Minuten	Wie werden digitale Medien ausgewählt? S. 18 bis S. 23	7, 13
Das Thema im Schulleitungsteam / im Kollegium	15 Minuten	Wie bildet sich das Schulleitungsteam/ Kollegium (fort)? S. 24 bis S. 40	8–13
Gemeinsame Erarbeitung und Diskussion	15 Minuten	Gemeinsame Erarbeitung – Diskussion – To-dos S. 41	
To-do-Liste Fortbildungen zum Thema Hospitation an Schulen	5 Minuten	To-do-Liste S. 41 bis S. 43	

18 Inhaltsverzeichnis des Videos

Sie können einzelne Videosequenzen in Ihre Mikrofortbildung an den genannten oder beliebigen Stellen integrieren. Natürlich können Sie sich gerne auch Videoteile in voller Länge ansehen oder sie zeigen.

Video	Phase
1	Begrüßung / Verschiedene Unterrichtsformen unter Einbeziehung der Digitalisierung
2	Distanzunterricht
3	Wechselunterricht
4	Hybridunterricht
5	Lernplattformen am Beispiel von IServ
6	Lernrückstände
7	Technische Voraussetzungen
8	Feststellung von Anwesenheiten und Fehlzeiten im digitalen Unterricht
9	Teamteaching in Distanzphasen
10	Lockdown, Distanzlernen und soziale Folgen
11	Individuelle Förderung
12	Schlussphasen und allgemeine Tipps zur Gestaltung des digitalen Unterrichts
13	Anregende Lernumgebung durch Medien